AF453262

LE PORTRAIT

ET

LES GROUPES EN PLEIN AIR

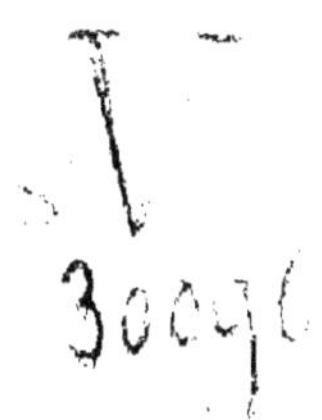

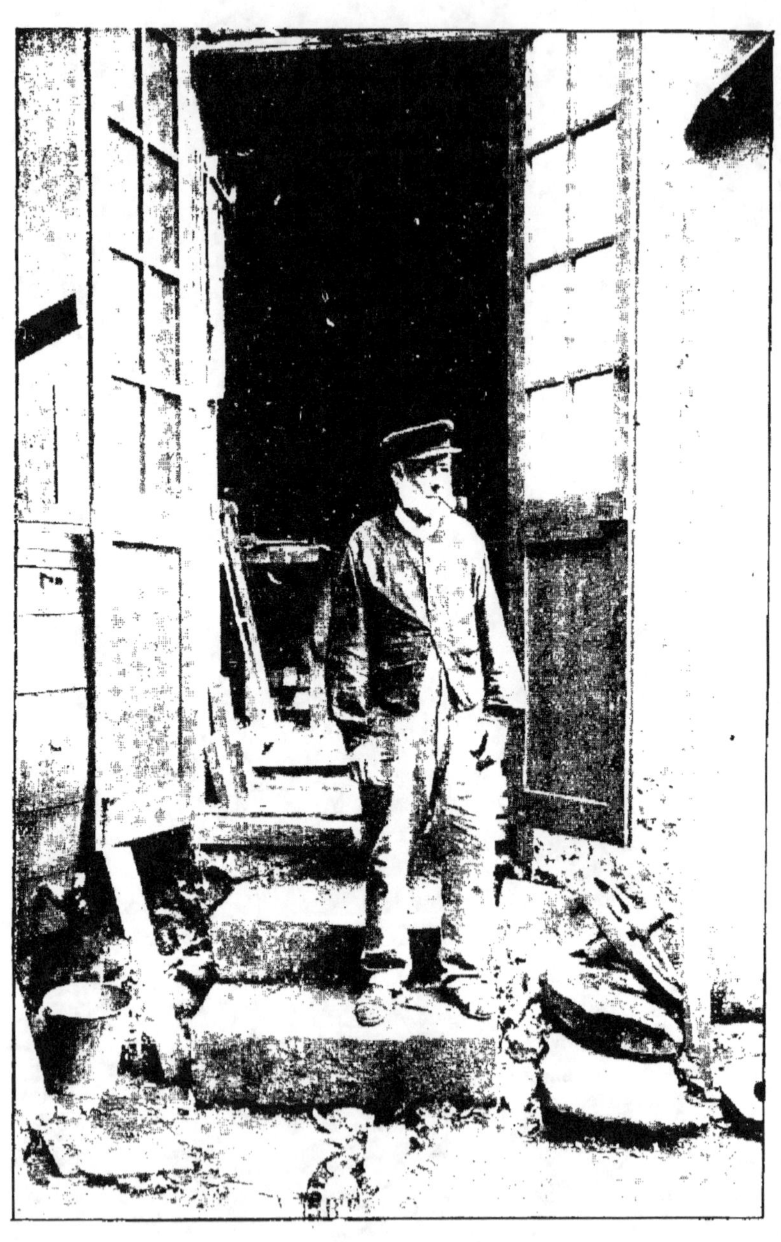

UN MOMENT DE REPOS
(Phototype de M. EMERY).

LE PORTRAIT

ET

LES GROUPES EN PLEIN AIR

PAR

Albert REYNER

(Deuxième édition revue et augmentée)

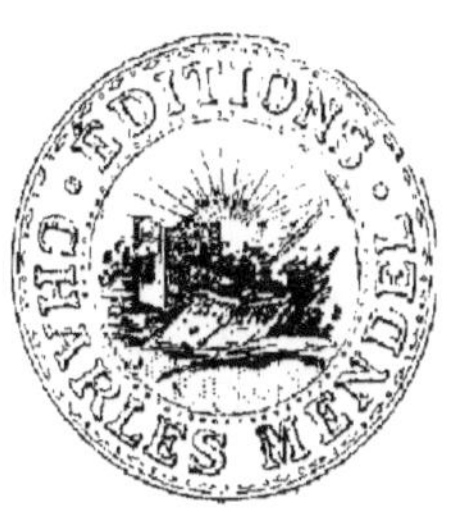

PARIS

CHARLES MENDEL, Éditeur

118 et 118 *bis*, rue d'Assas

CHAPITRE PREMIER

L'APPAREIL

---

§ 1. — La chambre noire.

En principe tous les appareils de bonne qualité donnent de bons résultats lorsqu'on sait tirer parti de leurs propriétés particulières et que l'on ne cherche pas à leur faire produire plus qu'ils ne peuvent donner. Il est d'usage, cependant, dans les traités de photographie, de recommander spécialement à l'amateur une forme d'appareil qui, dans l'esprit de l'auteur, peut seule donner des résultats satisfaisants. Dans quelques circonstances particulières, une recommandation de ce genre peut avoir sa valeur; mais, pour la photographie en plein air, elle est de moindre importance.

En fait, j'estime que, pour le portrait en plein air, c'est moins l'appareil lui-même que les accessoires qui doivent retenir l'attention du photographe. J'ai essayé à peu près toutes les formes d'appareils construits en France depuis trente ans, et toutes ont présenté des inconvénients, des imperfections qu'il a fallu s'ingénier à surmonter par une modification de la pose ou le choix d'un autre emplacement que celui primitivement adopté pour opérer.

Je dois dire, toutefois, que mes préférences vont à la chambre à soufflet. Cette forme d'appareil est beaucoup plus lourde, il est vrai, que les détectives et les jumelles, mais elle est beaucoup plus stable, plus facile à manier, et elle se prête mieux que les appareils portatifs à l'étude du sujet, à la mise en plaque et à la mise au point. Une des raisons qui me portent encore à préférer la vieille chambre à soufflet réside en ce fait que les appareils portatifs sont construits dans les petits formats et que l'amateur est toujours tenté d'obtenir une image très grande proportionnellement au format, ce qui l'oblige à se rapprocher inconsidérément du sujet à photographier. Pour clore cette énumération de mes griefs contre les appareils à main, j'ajouterai que ces derniers me semblent peu faits pour un travail raisonné, qu'ils agissent trop automatiquement et que leurs principaux organes, et en particulier l'objectif, sont trop souvent dépourvus de la mobilité qui me semble la condition indispensable d'un bon travail.

Notre choix étant fixé quant à la forme de l'appareil, nous pouvons examiner quelle grandeur d'image convient le mieux pour le portrait en plein air.

Étant donné les conditions parfois fort difficiles où se trouve placé l'opérateur, je pense que le format 13 × 18 est le maximum auquel on puisse atteindre. Les grands formats doivent être réservés pour le travail à l'atelier en considération du volume des appareils et de la cherté des préparations sensibles qu'ils exigent. Un format très pratique, peu embarrassant, est le 9 × 12 ; il donne une bonne grandeur d'image dans laquelle la tête du sujet peut avoir, sans exagération apparente, 1 à 2 centimètres. Pendant longtemps j'ai fait usage pour mes excursions un peu longues d'un appareil 9 × 12 du genre « chambre noire de poche », et j'en ai toujours obtenu complète satisfaction. C'est donc ce format que je conseillerai à l'amateur désireux de faire du portrait en voyage ; pour les opérations effectuées dans un rayon peu éloigné du domicile, je recommande plutôt le format 13 × 18.

Lorsque j'aurai dit que les appareils du genre « folding » sont ceux qui me paraissent présenter les meilleures conditions de praticité, j'en aurai terminé sur ce point.

§ 2. — L'objectif.

L'objectif à portrait, incomparable pour les travaux à l'atelier, n'offre aucun avantage pour la photographie en plein air. Il ne s'agit plus, en effet, de chercher à compenser l'insuffisance de la lumière, de réduire la durée de la pose. Au contraire, on se trouve en présence d'un tel excès de lumière que les plus petits diaphragmes peuvent être employés sans qu'il en résulte un accroissement trop considérable de l'exposition.

L'objectif rectilinéaire, bien qu'un peu démodé, est

fort suffisant pour le travail que nous voulons exécuter. Sans doute il est moins rapide que les récents anastigmats mais, par contre, l'angle qu'il embrasse étant moins étendu l'échelle de reproduction sera plus grande, toutes conditions opératoires étant égales. Il est donc inutile de faire l'acquisition d'un de ces instruments nouveau style d'un prix exorbitant et qui donnent des images d'une sécheresse exaspérante. Le rectilinéaire est de construction telle qu'il peut être dédoublé et fournir par l'emploi de la combinaison d'arrière seule un objectif simple de longueur focale, approximativement double de celle formée par la réunion des deux systèmes de lentille. Ce dédoublement de l'objectif peut être fort utile, car il permet d'avoir une image plus grande du modèle sans être obligé de rapprocher l'appareil du sujet. Toutefois il faut tenir compte que dans ce cas les indications relatives à l'ouverture des diaphragmes perdent leur valeur. En effet le diamètre des diaphragmes est rapporté à la longueur focale de l'objectif complet. Si, par dédoublement de l'objectif, on allonge la longueur focale, la proportion se trouvera réduite et, par conséquent, la luminosité diminuée. Comme conséquence pratique et générale de ce dédoublement, on devra considérer que l'emploi d'une seule combinaison entraîne une augmentation de la pose qui peut être évaluée au quadruple de ce qu'elle serait pour chacun des diaphragmes, lorsqu'il est employé avec l'objectif complet, les autres conditions restant les mêmes.

Il est une variété d'objectif, dénommée trousse, ou objectif universel, dont les amateurs méconnaissent trop souvent les avantages, sinon les qualités. La base de cet instrument est la lentille simple, qui, par combinaison de deux systèmes convenablement apariés, forme des doublets de longueur focale différente.

La trousse est l'instrument par excellence du paysagiste. On lui a reproché d'être toujours inférieure en ses qualités : finesse et rapidité à l'objectif qu'elle est destinée à remplacer. Il est vrai que, pour des conditions opératoires similaires, la trousse nécessite presque toujours l'emploi d'un diaphragme de diamètre plus petit que celui qu'exigerait un objectif complet de genre correspondant : rectiligne, aplanat ou grand angulaire. Cette infériorité, du reste fort relative, est largement compensée par la réduction du matériel de l'excursionniste.

Le peu de faveur dont jouit la trousse provient certainement de la complication des manipulations, du trouble qu'elle vient jeter dans la routine où se complait l'amateur.

Si celui-ci n'a pas fait une étude sérieuse de l'instrument qu'il possède, s'il n'en connaît pas à fond les combinaisons, s'il ne sait pas choisir parmi ces combinaisons celle qui convient le mieux au sujet à traiter, il éprouvera des insuccès qui lui feront rejeter un instrument qui donne cependant des résultats excellents lorsqu'on sait s'en servir et que je trouve sans rival pour les reproductions à cause de la variété de ses combinaisons.

Pour l'amateur qui opère dans des conditions toujours identiques, pour celui qui dispose d'un emplacement bien déterminé et convenablement aménagé, l'emploi de la trousse est inutile, puisque la distance séparant le sujet de la chambre noire est toujours à peu près la même. A ce point de vue l'ancien objectif à portrait serait supérieur en raison de sa grande rapidité.

Mais, pour l'opérateur appelé, comme nous, à faire des portraits en plein air en tous lieux, à toute heure, je dirai même par tous les temps, la trousse est un instrument précieux. Fréquemment je suis dans l'obligation de faire des portraits, des groupes dans un petit jardin. Les conditions qui me sont imposées sont peu nombreuses, mais elles sont rigoureuses : Faire ressemblant, avantager le modèle, fournir une grande image et surtout respecter les plates-bandes. La dernière condition est parfois bien gênante, car elle vient se greffer sur un problème de parfait éclairage, dont il est au moins aussi nécessaire de trouver la solution. Lorsque l'emplacement à peu près convenable est trouvé, il arrive fréquemment que des arbres ou des plantes un peu hautes viennent se placer dans le champ de l'objectif. Si l'on possède un seul objectif, il faut se résoudre à opérer vaille que vaille et le succès est douteux ; les seules ressources dont on dispose sont le dédoublement de l'objectif ou l'adjonction d'une bonnette d'approche. Avec la trousse on se rit des difficultés. S'il faut opérer de très près, on emploie une combinaison focale très courte, et on peut alors se contenter d'un très petit espace ; si, au contraire, le champ de l'objectif est bien dégagé, il peut être avantageux de travailler avec une plus grande longueur focale obtenue soit par combinaison de deux lentilles, soit par l'emploi d'une seule lentille.

Nous avons signalé la tendance des amateurs à englober de très grandes images sur de petites plaques sensibles. Au point de vue artistique, l'effet est généralement déplorable ; au point de vue technique, le résultat est désastreux, lorsque le grandissement du sujet est obtenu par diminution de la distance entre l'appareil et le sujet. Pour avoir de bonnes épreuves dans des circonstances analogues, il n'est qu'un moyen : ajouter une bonnette d'approche à l'objectif monté sur l'appareil « à foyer fixe ».

Les bonnettes d'approche sont des lentilles supplémentaires montées dans un barillet disposé de façon à pouvoir être vissé à l'avant de l'objectif. Ces lentilles, dont le foyer est calculé suivant la combinaison optique à laquelle elles viennent s'ajouter, ont pour effet d'augmenter la convergence de l'objectif et comme conséquence pratique de raccourcir le foyer. On peut donc avoir du modèle une image plus grande sans être obligé de rapprocher l'appareil, ce qui serait du reste impossible à effectuer en pratique, puisque nous envisageons en ce moment l'emploi d'un appareil à foyer « invariable », c'est-à-dire un objectif fixe monté sur une détective ou une jumelle dont l'arrière ne permet pas le déplacement de la plaque sensible.

On a aussi préconisé l'emploi du téléobjectif pour la photographie en plein air. Avec les instruments de cette nature, on obtint des portraits plus enveloppés, plus doux, d'un effet plus artistique. L'adjonction du téléobjectif au matériel du portraitiste en plein air ne nous semble pas indispensable, c'est un instrument fort coûteux qui trouve de peu fréquentes applications. Si nous avions à faire choix d'un instrument de ce genre, nous adopterions fort probablement une combinaison imaginée en Amérique et qui consiste en l'adjonction d'un système négatif à l'avant d'un anastigmat. On a, par ce moyen, un objectif qui peut servir à plusieurs fins.

En résumé, et sans nous attacher plus qu'il n'est nécessaire à faire valoir les qualités de la trousse, nous pouvons poser les règles suivantes pour le choix de l'objectif :

1° Pour le portrait seul, le rectiligne travaillant à grande ouverture est l'instrument par excellence ;

2° Pour le portrait avec paysage, il est préférable d'avoir un objectif à long foyer, parce que la perspective aérienne est mieux traduite et que, l'angle embrassé étant moins grand, le sujet n'est pas perdu au milieu du décor.

Voilà les bases principales pour le portrait ; les circonstances nous obligeront quelquefois à les négliger, mais nous aurons à nous souvenir à tout instant que l'excès de netteté est aussi désagréable que l'excès de douceur ; le photographe doit s'attacher à produire un portrait *estompé* et non une image *floue*.

CHAPITRE II

INSTALLATION EN PLEIN AIR

—

§ 1. — Considérations genérales.

Les portraits en plein air sont toujours plats et
gris lorsque le sujet n'est pas placé sous un abri qui
exclut les rayons lumineux inutiles et atténue l'intensité, la crudité des autres.

Posons notre modéle, tête nue, au milieu d'un
espace très découvert, et examinons son image sur
le verre dépoli. Si, dans le but de faire disparaître
les couleurs qui viennent se reproduire sur l'écran
et gênent l'examen, nous interposons un verre bleu
entre l'œil et la glace doucie, nous saisirons aussitôt
combien l'image formée au plan focal est plate et
désagréable. La lumière de haut, celle qui tombe
perpendiculairement sur le sujet, domine et elle donne
à la chevelure un aspect blanchâtre déplaisant. Par
opposition avec le crâne trop éclairé, la face semble
noire, le dessus des parties saillantes de la figure
reçoit une lumière excessive et le visage acquiert une
dureté considérable. Le menton, le nez, les pommettes

trop éclairés forment une tache blanche sans détails.
Par contre, les yeux, les cavités des joues, le dessous
de la lèvre inférieure trop noirs paraîtront plus creux.
A cela ajoutez le matelas d'air qui vient s'interposer
entre le sujet et l'objectif, et vous ne serez plus sur-
pris d'avoir une image grise et sans relief, malgré
l'intensité de l'éclairage.

Plaçons maintenant le sujet, soit à l'intérieur d'un
abri tel qu'une voûte, soit à l'extrémité antérieure de
cette voûte ; nous supprimons ainsi la lumière de haut,
mais le sujet ne reçoit plus qu'une lumière reflétée,
insuffisante pour produire une image vigoureuse. De
plus, le sujet se trouve en opposition sur un fond
clair, lumineux, formé par l'extrémité postérieure de
la voûte ; nous sommes alors en présence d'un halo
qui, s'il ne détruit pas une partie des contours,
augmente tout au moins l'aspect noir de la figure.

Si faisant faire volte face au modèle, nous l'instal-
lons extérieurement et parallèlement face à la voûte,
l'appareil étant placé à l'intérieur de cette voûte, nous
obtiendrons un résultat aussi mauvais car nous serons
en présence d'un éclairage par lumière de haut dont
nous avons décrit les conséquences et d'une lumière
de face affaiblie par son trajet sous la voûte.

Mais, reprenant notre premier exemple, si notre
sujet, placé dans un espace découvert, est installé à
quelque distance d'un abri assez élevé, un mur, nous
arrivons à supprimer une partie de la lumière de
haut, sauf si l'opération est effectuée pendant les
heures du jour où les rayons solaires sont verticaux
ou dans le voisinage de la verticale, l'éclairage de la

figure acquiert ainsi plus de vigueur. Maintenant si,
à cet abri situé derrière le modèle, nous pouvons en
adjoindre un autre posé sur le côté, nous augmen-

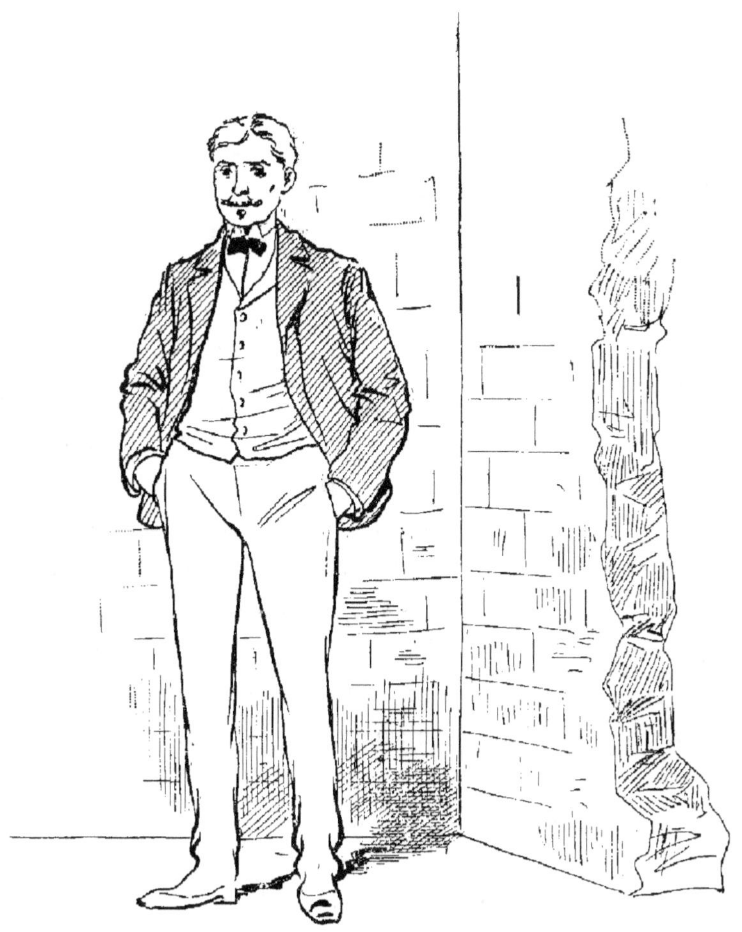

terons l'intensité de l'éclairage sur le côté de la figure
hors de l'atteinte des rayons lumineux directs. Théori-
quement, nous serons presque arrivé à la perfection.

L'orientation de l'écran, c'est-à-dire, en la circonstance, l'orientation du mur n'est pas la seule chose à considérer ; il faut aussi tenir compte de sa hauteur. Si le mur est très haut, ainsi que cela arrive dans les maisons des grandes villes, la lumière sera réduite à peu près à celle qui émane des rayons verticaux ; l'effet obtenu sera alors peu agréable, il semblera que l'opération a été effectuée au fond d'un puits. Ce défaut se produit toujours lorsqu'on photographie dans les courettes des hauts immeubles modernes. Il s'ensuit que nous devrons chercher, pour remplir l'office d'un écran, un mur ayant de 3 à 5 mètres de hauteur au plus.

Le cas le plus fréquent dans le portrait en plein air est celui où l'on peut opérer à proximité d'une habitation. Il est facile de trouver un mur convenablement orienté qui arrêtera une partie de la lumière perpendiculaire et formera, faute de mieux, un fond suffisant. De toutes les dispositions qui puissent être adoptées, la meilleure est celle où le modèle sera placé près de l'encoignure formée par la rencontre de deux murs formant un angle très ouvert, 80 à 90° environ.

Nous considérons dans les installations de cette nature que le mur de côté doit faire l'office de réflecteur, c'est dire qu'une blancheur aveuglante de cette muraille n'est pas pour nous effrayer. Toutefois, si on n'adopte aucune disposition complémentaire, il peut arriver qu'on ne puisse donner du relief à la figure. Ces dispositions complémentaires, nous les verrons plus loin ; pour l'instant, nous nous contenterons de recommander un examen attentif de l'image formée sur le verre dépoli. En plaçant la tête successivement dans diverses positions, l'opérateur parviendra à trouver la pose permettant de tirer le meilleur parti de cette installation un peu rudimentaire.

Si l'on opère dans un jardin, la même installation peut être adoptée sauf à y apporter les variantes que nécessiteront les circonstances. Ainsi le mur de fond pourra être remplacé avec avantage par un treillis couvert de verdure tandis que le mur de côté sera constitué par le panneau d'une baraque quelconque. Mais, dans ce cas, le mur ne peut plus être employé en guise de réflecteur, nous le transformerons en support, et nous étendrons sur sa surface un linge blanc, nappe ou serviette, que nous fixerons à l'aide de quelques pointes fines.

Cette organisation sera ce que nous appellerons l'atelier de fortune, c'est celle que nous adopterons au cours d'un voyage en cas de sollicitation trop pressante pour le portrait d'un ami. C'est aussi celle qui sera employée si nous avons à faire à quelques photographies documentaires des habitants du pays.

Nous devons, dès maintenant, établir une distinction entre le véritable portrait et la photographie documentaire, qui nous permettra de conserver l'image des types intéressants. La photographie ethnographique s'attache moins à rendre le modelé de la figure qu'à saisir l'expression de la physionomie, le type de l'individu. C'est une ressemblance d'un ordre particulier qu'il s'agit d'obtenir, et on ne peut l'obtenir sans le concours du costume et des accessoires. Que l'on ait à photographier un Auvergnat, un Breton en costume de fête, ou un nègre de l'Afrique centrale, il faut s'attacher à rendre l'ensemble et à faire préjuger des conditions ordinaires de l'existence du type photographié. Il est nécessaire alors de poser le personnage au milieu d'un site choisi avec soin qui donnera une idée générale de ce que peut être le pays. Notre Auvergnat, nous l'opposerons à un fond de montagne; le Breton fera un heureux effet auprès d'un monument mégalithique dans une lande aux ajoncs fleuris, si c'est un terrien; auprès d'une barque de pêche, au pied d'une falaise, si c'est un pêcheur. Quant au sauvage, c'est un genre que la plupart d'entre nous n'aura pas à traiter, nous lui choisirons un site d'après la caractéristique du pays : montagnes, végétation luxuriante, plaines marécageuses, etc.

Des conditions particulières exigent ou justifient un traitement particulier. Tout en conservant les grandes lignes et les règles principales du portrait en plein air, on pourra admettre des effets de lumière qui rendront peut-être l'image moins artistique, mais lui donneront plus de vie, lui retireront cette apparence un peu conventionnelle que présente presque toujours un portrait. Le sujet sera placé sous un abri, comme nous l'avons indiqué, mais il n'y aura pas lieu de se préoccuper outre mesure d'éviter les duretés, les forts contrastes provoqués par une lumière très vive et très abondante reçue directement par le sujet.

J'ai indiqué comme base de la photographie en plein air l'emploi d'un abri protégeant le modèle contre les rayons lumineux verticaux et formant écran diffu-

seur ou réflecteur selon les nécessités de la pose. Bien
que j'aie fait remarquer que cet abri ne doit pas être

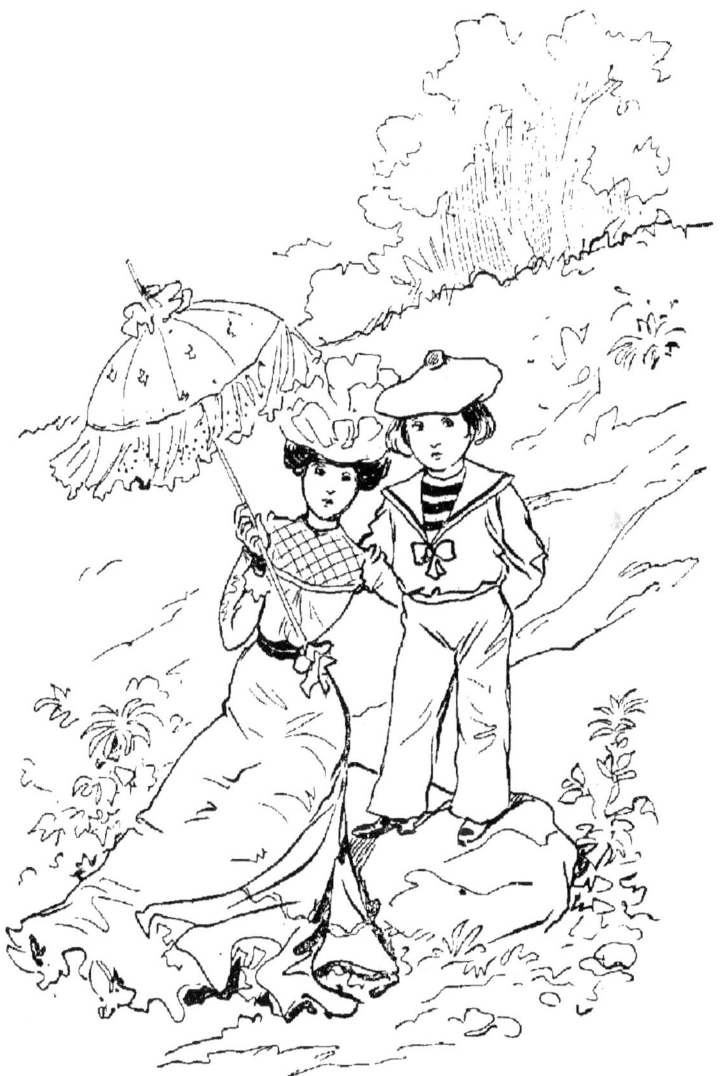

nécessairement un mur, je crois utile d'ajouter un
exemple à ceux que j'ai déjà donnés, afin de montrer

le parti que l'on peut tirer de la disposition même de l'endroit où l'on opère.

Il y a quelques années, j'eus l'occasion de faire un groupe au cours d'une excursion au bord de la Marne. Les rives de ce cours d'eau sont réputées pour leur beauté, et il est facile d'y trouver des sites formant un fond délicieux pour un portrait en plein air. Par infortune, je me trouvais sur une berge verdoyante, mais dépourvue de tout agrément. Pas le moindre bouquet d'arbres, pas de bicoque, guinguette ou cabane de pêcheur, pas de bateau tiré sur le sable. Rien autre chose qu'une étroite prairie serrée d'un côté par la rivière, de l'autre par le talus. Ce monticule aux lignes parallèles était particulièrement horripilant. Il me vint soudainement à l'idée de l'utiliser malgré sa laideur et de l'obliger à concourir à un effet artistique qu'il semblait plutôt devoir détruire.

Le talus devint le mur de fond, l'appareil fut placé de manière à prendre obliquement la masse terreuse, les personnages prirent place à mi-hauteur sur la pente, j'arrivai ainsi à arrêter une partie de la lumière tombant du ciel dans une direction trop voisine de la perpendiculaire. Pour le surplus, la suppression fut réalisée par les chapeaux de mes modèles. Étant parvenu ainsi à obtenir sur les figures un éclairage à 60° environ, il restait à répartir cette lumière de façon à mettre en valeur l'une des figures. Une ombrelle ouverte et jetée négligemment, en apparence un peu en arrière et du côté où la lumière arrivait abondante et crue me permit d'arriver à l'effet cherché. Les quelques autres accessoires dont je pouvais disposer furent utilisés en vue de compléter l'ensemble, et je parvins ainsi à obtenir des portraits assez finement modelés, qui ne sont pas parmi les plus mauvais de ma collection.

Un arbre dont les basses ramures ne sont pas trop distantes du sol, un buisson un peu haut peuvent remplacer le mur ; ils jetteront même une note pittoresque qui aidera à faire disparaître ce que le portrait pourrait avoir de trop apprêté. Nous devons signaler cependant que l'arbre à fût droit et dénudé, isolé au milieu d'un espace découvert, doit être évité. Le tronc surgissant derrière le modèle sans qu'on aperçoive aucun branchage produirait un effet disgracieux.

Lorsque l'arbre parasol se présentera dans ces conditions, on devra orienter la chambre noire de manière à embrasser, dans le champ de l'objectif, un arrière-plan de verdure destiné à atténuer l'effet produit par le tronc.

Nous avons envisagé aussi le cas, purement théorique, où le modèle serait placé sous une voûte ouverte à ses deux extrémités. On a rarement l'occasion de faire du portrait sous un tunnel ou sous une porte cochère ; par conséquent, il n'est pas besoin de chercher quel peut être le meilleur mode opératoire en cette circonstance. Mais on a fréquemment l'occasion de photographier un groupe installé sous un bosquet ou sous un kiosque, ce qui présente une certaine analogie avec le cas qui nous occupe.

Nous retrouverons plus loin la question lorsque nous étudierons la disposition des groupes en plein air ; mais il convient de signaler, dès maintenant, une organisation très simple et très efficace grâce à laquelle on peut produire des portraits vigoureux et modelés. C'est précisément à la campagne où il est plus difficile de se procurer des accessoires de pose, qu'on rencontre les meilleures conditions pour l'application de cette méthode.

Le procédé consiste tout simplement à poser le sujet devant un fond noir. Pour obtenir un noir, profond et chaud qui ne donne pas la sensation d'un tableau noir devant lequel le sujet aurait été posé, il n'est qu'un moyen, c'est de placer le modèle devant une baie donnant accès dans un enclos fermé sur toutes ses autres faces. Plus l'enclos sera profond, plus le noir sera intense ; du reste, il n'est pas indispensable que le noir soit absolu. Il suffit que l'épreuve virée et fixée ne laisse percevoir aucune trace sensible des objets renfermés dans l'espace ayant formé le fond.

Il résulte de ceci qu'il est inutile de déménager les objets déposés dans l'enclos choisi. La seule précaution à prendre est de s'assurer qu'aucun de ces objets n'est trop vivement éclairé, ce qui donnerait lieu à des reflets perceptibles sur l'épreuve où ils se traduiraient par des taches blanches dont il serait impossible de découvrir l'origine.

Plaçons notre sujet devant la porte d'une grange ouverte, d'un cellier, etc., et nous aurons le type du genre. L'avantage que nous trouvons à employer ce dispositif à la campagne réside en ce fait que les constructions, en général peu élevées, y affectent plus ou moins la forme d'un auvent très favorable pour la suppression de la lumière verticale. Aux citadins, nous signalerons, entre autres dispositifs de ce genre, celui qui peut être réalisé en plaçant le modèle devant une porte abritée par une marquise en verre. Avec

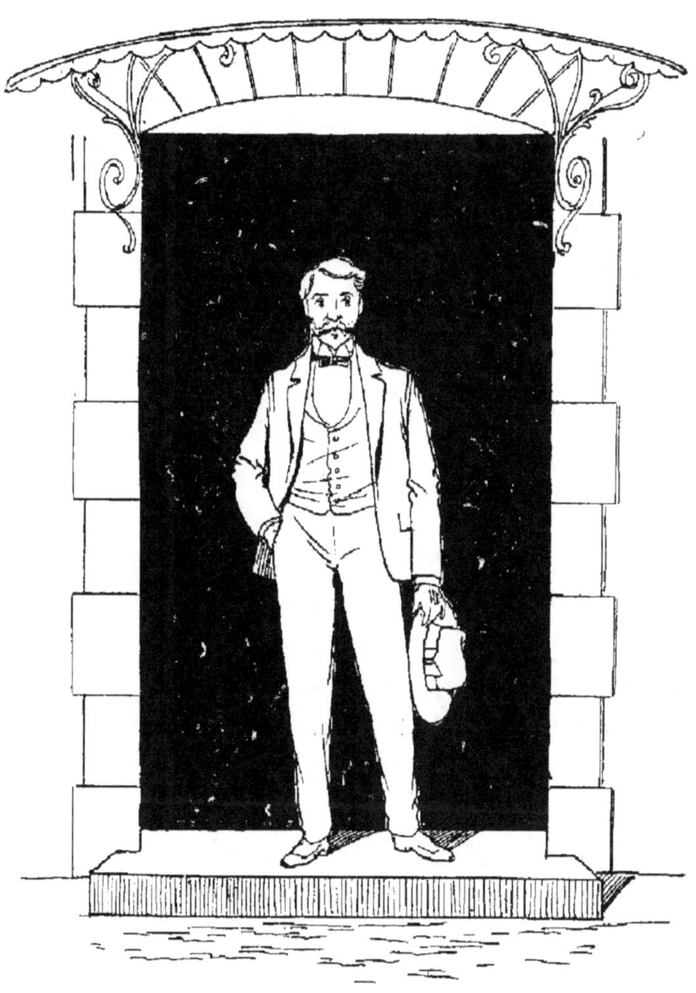

l'adjonction des écrans dont nous expliquerons plus loin l'usage, on possède ainsi un véritable atelier de pose fort utile et très agréable pendant la saison d'été.

Nous avons choisi dans la collection d'un de nos plus habiles artistes français, « M. H. Emery », une épreuve qui réunit plusieurs des conditions exposées dans notre traité et dans laquelle notre excellent confrère a supérieurement mis en œuvre le fond noir naturel et a su l'associer à une agréable étude de genre dans laquelle le modèle conserve les proportions que l'on donne généralement au portrait en plein air.

Un moment de repos présente des qualités d'exécution que nous rencontrons dans tout l'œuvre de M. Emery ; mais il nous intéresse surtout par l'emploi judicieux du local et des divers objets qui se trouvent dans le voisinage.

On remarquera que le battant de la porte situé du côté de l'arrivée de la lumière remplit l'office d'un écran diffuseur tout en conservant son rôle dans la composition. La diffusion obtenue à l'aide de vitres polies est très faible sans doute, cependant elle est plus efficace qu'on ne pourrait le croire car les carreaux de cette porte sont évidemment poussiéreux. le verre est taché par le contact des doigts plus ou moins propres de l'ouvrier ; il y a donc un obstacle faible, mais réel, au passage des rayons lumineux. Cela suffit pour enlever aux rayons directs une partie de leur puissance et pour obtenir un éclairage qui sera d'autant mieux atténué que la lumière émanera d'un ciel nuageux.

Il y a lieu d'établir une distinction, comme nous l'avons déjà dit, entre le portrait et la photographie « épisodique ». Si vous voulez avoir l'image de la maison en même temps que le portrait de son propriétaire, la manière d'opérer différera de celle que vous emploieriez pour avoir exclusivement un portrait. La première manière admet la fantaisie, les jeux de la lumière filtrant à travers le feuillage et venant jeter des notes claires sur la façade de la maison ainsi que sur le bonhomme qui paraît en garder l'entrée.

Dans quelques cas, et grâce au fond noir, les deux méthodes peuvent se concilier. Au lieu de placer l'appareil de telle sorte que seul le fond noir et le sujet soient représentés sur la plaque, on peut, tout en conservant la reproduction à une grande échelle, ajouter à l'image une partie de la façade. L'effet artistique est quelquefois plus difficile à atteindre dans ce cas lorsque le sujet est placé devant une porte ; nous examinerons ce point au chapitre de la *Pose du modèle.*

Comme application du fond noir, il nous reste à signaler celle qui consiste à poser le modèle devant une anfractuosité de rochers, grottes naturelles ou artificielles. Pour peu qu'une petite mare d'eau vienne baigner la base de ces rochers, on a les éléments d'une foule de compositions des plus agréables. Je citerai, par un exemple, la grotte artificielle de la promenade des Doms à Avignon, dont la disposition est des plus heureuses, située comme elle l'est au bord d'un petit bassin entouré de plantes marines et de roseaux. Cette grotte m'a servi de fond pour diverses études. A Paris, la plupart de nos promenades possèdent de ces amas rocheux : on en trouve au Bois de Boulogne, aux Buttes Chaumont, etc. ; toutefois, il est assez difficile de les utiliser autrement que pour la photographie instantanée et clandestine, car les règlements de la Ville de Paris interdisent la photographie dans les squares et promenades, sauf autorisation particulière. Du reste, le nombre des promeneurs qui fréquentent ces endroits rendrait difficiles les préliminaires de l'impression de la plaque.

Deux de nos plus réputés artistes MM. Lebègue et Bergon, qui se sont fait une spécialité de la photographie du nu, ont fait de fréquentes applications du fond rocheux. On en trouvera de nombreux exemples dans les deux plaquettes consacrées à l'étude du nu qu'ils ont fait paraître, chez l'éditeur Charles Mendel, sous les titres suivants : *Douze petites études de femme* et *le Nu et le Drapé en plein air*.

§ 2. — L'atelier improvisé.

Les installations rudimentaires dont nous venons d'entretenir le lecteur sont très insuffisantes pour qu'on puisse travailler avec la certitude d'atteindre l'effet cherché. Cependant c'est surtout pour ces problèmes de photographies prises à l'improviste qu'il faut s'attacher à trouver une prompte solution, car ils se présentent fréquemment dans la pratique. C'est pour cette raison que je me suis appliqué à étudier longuement les moyens d'utiliser les abris naturels qui peuvent se rencontrer sur le lieu d'opérations.

L'amateur, surtout celui qui habite la campagne et dispose par conséquent de l'espace suffisant pour établir dans une cour ou dans un jardin un petit atelier de pose, trouvera tout avantage à confectionner un matériel léger et peu volumineux qui pourra être monté en quelques instants. Si cet atelier est aménagé de façon à ce que le photographe puisse maîtriser l'excès de la lumière, régler et répartir celle-ci suivant ses besoins, il rendra les mêmes services qu'un atelier fixe.

A diverses reprises, on a signalé des combinaisons imaginées pour rendre plus aisé le portrait en plein air. Nous avons décrit autrefois, dans l'appendice de la première édition de notre traité, *la Photographie dans les appartements*, quelques-uns de ces dispositifs. Nous pensons que nos lecteurs les retrouveront ici avec intérêt.

ATELIER DE THOMAS C. HARRIS

Un photographe américain, M. Harris, compose son atelier de plein air de la manière suivante :

Quatre poteaux A, B, C, D, ou madriers de 0,05 de côté, sont dressés de manière à former une petite chambre, ainsi qu'on le voit sur la figure ci-dessous. Ces poteaux s'élèvent à environ $2^m,25$ au-dessus du sol ; ils sont reliés par leur sommet à l'aide de voliges V formant un bandeau extérieur. Les murs de l'atelier sont formés par un tapis T ou une étoffe quelconque suffisamment opaque, fixée au poteau A, et qui passe successivement sur chacun des autres poteaux pour aboutir au poteau D.

Lorsqu'on choisit l'emplacement de l'atelier, il faut avoir soin de disposer les poteaux de manière que le fond de l'enclos BC, où viendra se placer le sujet, reçoive la lumière du nord.

Le toit de l'atelier doit être mobile, il est formé par une bâche S de grandeur suffisante pour déborder un peu sur chacun des côtés. Une perche P assez longue pour s'étendre sur l'atelier suivant la diagonale DB soutient la bâche et sert en même temps à régler l'accès de la lumière.

Pour obtenir ce réglage, il suffit de déplacer la perche d'une longueur plus ou moins grande en avant ou en arrière du poteau D, le point B étant considéré comme centre de ce mouvement de rotation. Selon que la perche occupera l'une ou l'autre des positions indiquées par les lignes pointillées, la lumière verticale sera plus ou moins arrêtée par la bâche, et l'éclairage du sujet se trouvera modifié en conséquence.

L'enveloppe latérale de l'atelier n'étant pas fixe on en profite pour régler la lumière de côté en abaissant cette enveloppe de la quantité nécessaire sur toute la partie qui forme le côté AB.

Si la lumière de face, c'est-à-dire celle qui pénètre par le côté de l'atelier non fermé, était trop abondante, on parviendrait à réduire l'intensité de l'éclairage en enfonçant en E un autre poteau, sur lequel viendra s'agrafer l'excédent de l'étoffe qui forme les murs.

Le mur placé derrière le sujet peut servir de fond pour le portrait, mais, dans le cas où on désirerait faire usage d'un fond photographique, on le placera en F. On peut également constituer ce fond par une couverture grise ou une étoffe de ton neutre quelconque qu'on étendra d'une manière bien uniforme sur des supports dressés dans ce but à 0^m,50 environ du mur.

Une installation de ce genre exige un grand espace, en outre l'emploi de poteaux fichés en terre nécessite un certain travail. Il en résulte que cet atelier n'est guère transportable. La manière la plus pratique de l'utiliser est de choisir avec soin l'emplacement qu'il doit occuper ; puis, après avoir déterminé les points

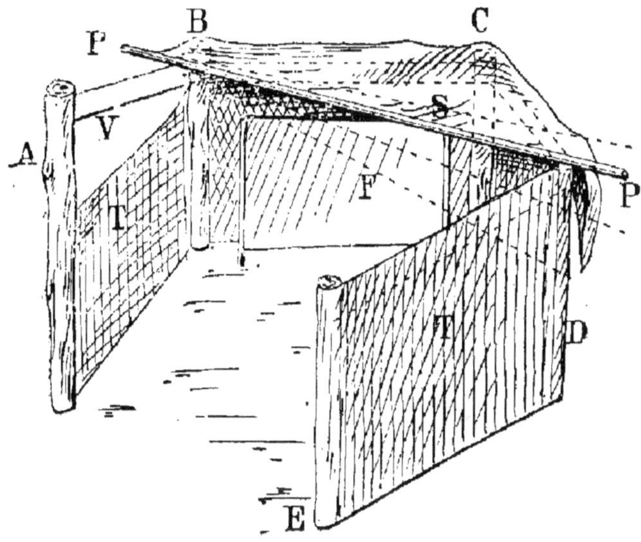

où doivent être enfoncés les poteaux, on creusera la terre pour y enfoncer des cylindres ou gaines en zinc ou en fonte, des tuyaux de drainage, par exemple, dont le sommet viendra effleurer le sol. Des tampons fermeront l'extrémité libre de ces cylindres afin qu'ils ne se trouvent pas bouchés par les éboulis de terre.

De cette façon, lorsqu'on voudra monter l'atelier, il suffira de retirer les tampons et de mettre en place les poteaux. Les voliges seront percées en vue de recevoir des écrous, et l'étoffe servant à former les murs sera munie, à ses extrémités, d'œillets qui viendront s'agrafer sur des clous à crochet enfoncés dans les poteaux. Grâce à cette disposition préalable le montage de l'atelier pourra être effectué en quelques instants.

ATELIER POUR BALCON

L'amateur qui habite une grande ville trouve rarement autour de lui une installation confortable pour faire du portrait. C'est pour lui venir en aide que nous avons publié notre traité *le Portrait dans les appartements* [1]. Il est juste que nous lui donnions ici quelques conseils, dont il fera son profit lorsqu'il se transformera en portraitiste en plein air.

Le photographe dont le logis est agrémenté d'un balcon pourra se constituer un petit atelier mobile, facile à monter et peu encombrant.

Deux panneaux et un toit brise-lumière forment les éléments de cet atelier. Les panneaux sont soutenus par deux tiges légères T qui seront serrées contre le balcon par des bracelets ou plus simplement par des ficelles. Les deux tiges sont éloignées l'une de l'autre de 1 mètre à 1^m,50 ; elles portent à leur sommet un

---

[1] *Le Portrait dans les appartements*, 2ᵉ édition, 7ᵉ volume de *l'Encyclopédie de l'amateur photographe*.

piton, tourné vers l'intérieur, dans lequel s'engagent les extrémités d'une légère tringle métallique F, qui les relie.

Le long de chacune des tiges sont plantés, toujours vers l'intérieur, une série de crochets quelconques espacés de 25 centimètres environ, sur lesquels

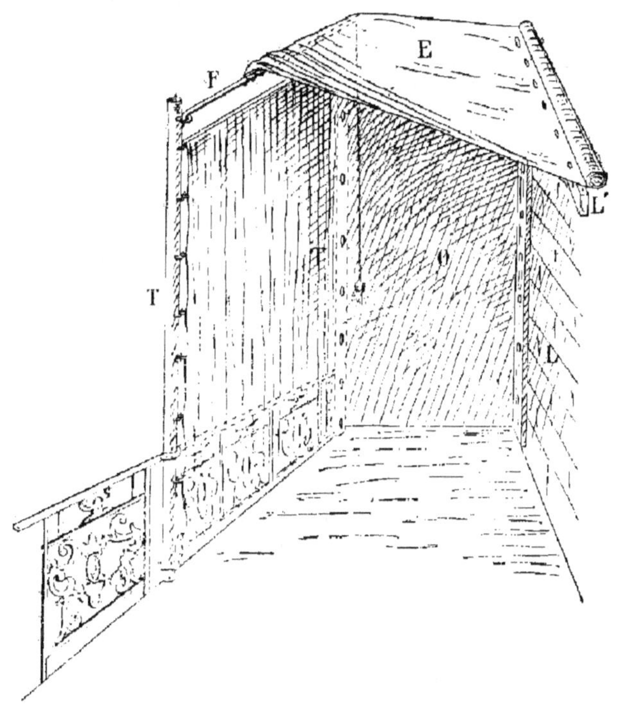

viennent s'agrafer les œillets placés en bordure d'un lé de toile formant le panneau de côté. La longueur de ce morceau de toile est telle que celle-ci vient affleurer les pitons.

Le panneau formant le fond est composé d'un morceau d'étoffe opaque de ton neutre O, muni égalementment d'œillets sur ses deux grands côtés, et qui, d'un côté, s'agrafe sur la tige T par dessus le panneau latéral et, de l'autre, s'agrafe sur les crochets fixés sur le champ d'une latte plate L de 3 centimètres d'épaisseur environ, posée à demeure le long du mur de la maison.

Perpendiculairement à cette latte, on en pose une seconde L' de longueur égale à celle de la tringle.

Il ne reste plus qu'à préparer le toit E. Pour ceci, nous emploierons une étoffe semi-transparente de teinte bleutée ou rosée de longueur telle que, sur les côtés qui correspondent au garde-corps du balcon, l'étoffe dépasse d'une vingtaine de centimètres. Nous aurons ainsi un couvre-joint empêchant la lumière de pénétrer entre les panneaux et le toit.

À l'envers de cette étoffe nous attacherons une série d'anneaux de laiton ; ces anneaux seront engagés dans la tringle. Une cordelette attachée au premier d'entre eux, puis passée successivement dans les autres, permettra de tirer, du fond de l'atelier, le morceau d'étoffe afin de dégager le toit suivant une ligne oblique ; ce déplacement du niveau est analogue à celui qui est exécuté dans l'atelier Harris par l'intermédiaire de la perche. Pour que le tirage puisse être effectué régulièrement, on arrêtera par un crochet le dernier anneau, c'est-à-dire celui qui est le plus près du fond.

Du côté du mur, le toit doit être maintenu à poste fixe sur toute sa longueur. Le système d'œillets et d'anneaux que nous avons déjà employé nous servira encore ; les œillets seront placés à l'extrémité de la toile et les crochets sur le plat de la petite latte scellée contre le mur. Afin d'éviter de ce côté la pénétration lumineuse, on peut réserver quelques centimètres d'étoffe en avant des œillets et s'en servir pour préparer un bourrelet qui viendra boucher hermétiquement cette partie de l'atelier.

La hauteur des tiges ou étais et, par conséquent, celle de l'atelier, sera d'environ 2^{m},50.

La mise en place des tiges et du toit peut être dangereuse pour les personnes sujettes au vertige. En conséquence, je recommande de faire le montage des tiges et du toit avant de procéder à la mise en place.

En considération du peu d'espace existant de chaque côté du sujet même sur les balcons les plus larges, il sera bon de ne pas employer d'objectif embrassant un trop grand angle. Il est en effet inutile d'avoir sur le négatif l'image des constructions qui entourent le lieu où le portrait a été effectué ; d'autre part, nous avons expliqué dans un précédent chapitre qu'il est avantageux de faire usage d'un objectif de grande longueur focale et de petite ouverture d'angle.

Dans ce cas particulier la trousse d'objectifs serait d'une utilité incontestable. Elle permettrait de trouver une combinaison d'angle assez étroit pour obtenir un portrait en pied sans englober dans l'image les parois de l'atelier improvisé, tout au moins elle nous offrirait la ressource de trouver une combinaison laissant la faculté de se rapprocher du sujet et d'en prendre un portrait buste de grandes dimensions.

ATELIER DE M. LEQUEUX

Un amateur, M. Ch. Lequeux, a imaginé un atelier de plein air permettant de réaliser certaines combinaisons de lumière et de faire varier à volonté l'éclairage du modèle. Cet atelier, comme certains de ceux dont j'ai moi-même étudié la construction pour le plein air et pour l'intérieur, n'est autre chose qu'une application du paravent dont les feuilles ou panneaux sont reliées entre elles de manière à former une guérite dont les côtés auraient 1^m,50 de large. Le toit, en pente, donne à la guérite une hauteur de 2^m,25, mesure prise à la ligne de faîte.

Le fond est tendu d'une étoffe claire ; un système d'agrafes et d'anneaux peut y être ajouté pour l'emploi de fonds mobiles. Le feuillet qui constitue ce côté de l'atelier a son sommet en forme d'attique ou de fronton.

Les panneaux des côtés sont divisés en deux parties égales. Celle du bas est tendue d'une étoffe bleu clair. La partie supérieure conserve son cadre vide ; mais, quand l'atelier est monté, on suspend à cet endroit un verre dépoli, ou, si on le préfère, une gaze transparente blanche ou bleuâtre. Cette disposition est complétée par un jeu de petits rideaux clairs ou foncés que l'on monte sur des tringles intérieures.

Le toit est également composé de deux parties ; il est formé de petits panneaux reliés respectivement par des charnières à chacun des côtés auxquels ils correspondent. Au repos, ces panneaux se replient extérieurement sur les parois latérales, dont ils sont la prolongation. La garniture du toit comprend également du verre dépoli ou de la gaze et de petits rideaux.

Par le choix des rideaux, on parvient à adoucir la lumière, à la tamiser et à l'adapter aux nécessités de la pose. La garniture fixe des panneaux inférieurs forme un réflecteur.

§ 3. — Dispositifs divers.

Parmi les nombreuses combinaisons d'abris que j'ai étudiées, il en est quelques-unes qui m'ont paru d'une construction assez simple pour pouvoir être signalées au lecteur. Peut-être ne donneront-elles pas des résultats aussi parfaits, un modelé aussi fin que les installations fixes à écrans mobiles, mais elles auront l'avantage de pouvoir être transportées aisément. Il nous a semblé, en effet, qu'il est préférable pour l'amateur d'avoir un abri composé de différentes pièces formant un bagage léger et dont chacun des composants peut même être utilisé séparément selon la disposition des lieux, la direction de la lumière, etc.

ABRI DÉMONTABLE

L'abri de campagne comprend un fond et un écran de tête. Il peut être complété au besoin par un ou deux rideaux mobiles formant écrans de côté. Pour la commodité du transport, nous divisions les montants en trois sections de 0^m,50 à 0^m,80 de long, ce qui donne, suivant la dimension adoptée, une hauteur totale de 1^m,50 à 2^m,40. La première grandeur me paraît largement suffisante.

Les montants sont, à volonté, des étais légers à section carrée, des baguettes plates ou des tiges cylindriques. Ces dernières se montent l'une dans l'autre à l'aide de douilles métalliques, comme les cannes à pêche ou l'appui-main des peintres. Pour les deux autres, le croquis ci-contre indique le mode d'assemblage et le profil des extrémités. Les sections sont alors réunies et maintenues par des écrous à oreilles.

Pour assurer la stabilité de l'abri, on adoptera un système de pied quelconque, aussi lourd que possible. On peut, par exemple, tailler une pièce rectangulaire en chêne, en hêtre, etc., de $0^m,30 \times 0^m,05 \times 0^m,10$, sur le milieu de laquelle on fixera une douille de 0^m,10 de haut, de forme appropriée à celle de la section du montant.

Une base de ce genre serait bien encombrante, on peut la modifier ainsi :

Entailler l'extrémité inférieure du montant de manière à réduire d'un tiers environ son épaisseur. Pratiquer dans la base une ouverture correspondante, on a ainsi une sorte d'assemblage à tenon et mortaise. On consolide à l'aide de deux longs crochets (0^m,15 environ) fixés à demeure sur la base et venant s'accrocher à des pitons ou attaches posés à la partie inférieure du montant (voir A).

Pour simplifier encore la construction, nous proposons de scier la base par le milieu et de visser sur

chacune des extrémités une équerre métallique plate
dont le côté libre sera percé d'une ouverture médiane
coïncidant avec un trou pratiqué à la hauteur convenable dans le montant. Un écrou à oreilles réunit le
tout (voir B).

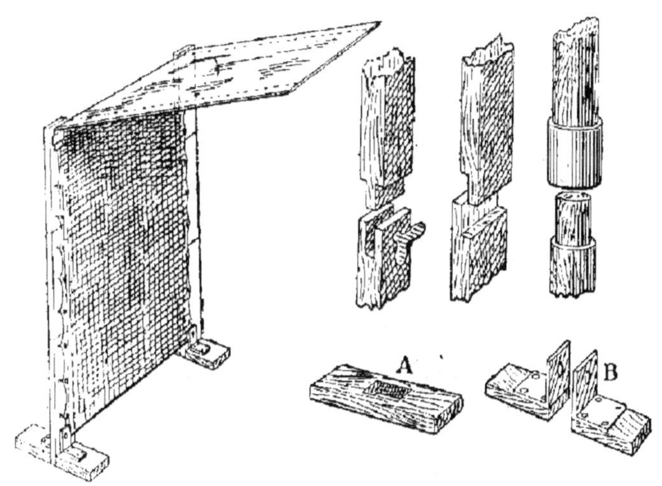

La toile de fond est formée par un tissu opaque,
gris de préférence ; si on prend des tons jaunes ou
rouges, on aura, même si la teinte est peu accentuée,
un fond noir sur l'épreuve. Le tissu est muni d'œillets sur ses deux grands côtés. Le nombre et la distance de ces œillets importe peu, mais il est nécessaire que les crochets fixés sur les montants et des-
tinés à l'accrochage de la toile ne se trouvent pas trop
près des brisures du montant.

Le toit comprend une gaze forte et serrée ou une
petite toile transparente cousue sur ses deux lon-
gueurs autour d'une petite tringle, plate plutôt que

ronde, coudée à angle droit à l'une de ses extrémités. Pour le transport, il est facile d'enrouler la toile autour de l'une des tringles à laquelle elle est attachée. La longueur du toit est de 1 mètre à 1^m,35. Pour faire tenir ce toit ou écran de tête sur les montants du fond, on fixe à l'extrémité supérieure de ces montants deux attaches : pitons ou plaque métallique recourbée suivant la forme des tringles.

On trouverait peut-être avantageux, dans quelques cas, de pouvoir incliner l'écran de tête légèrement d'avant en arrière. Les circonstances où l'on aurait à faire usage de cette mobilité du toit se présentant rarement, nous ne l'avons pas prévue dans notre construction. Pour obtenir cette mobilité, tout en conservant le fractionnement de l'appareil, il faudrait adopter un autre dispositif de montage du toit. On pourrait par exemple augmenter légèrement la longueur de l'écran et monter ce dernier à bascule sur les montants du fond, les tringles plates passant sous un pont fixé sur chacun des montants. Un système d'accrochage quelconque maintiendrait l'écran dans la position voulue.

A moins de placer l'abri démontable auprès d'un mur qui remplira l'office d'écran, il est nécessaire de compléter l'installation provisoire par un ou deux rideaux. On peut se contenter de jeter par-dessus le toit une étoffe transparente très légère, qui, sans charger le toit, pourra être étendue sur les côtés de façon à former un écran diffuseur. Ces rideaux pourraient également être montés sur tringles qui viendraient alors s'accrocher dans des anneaux, des pitons

ou autre système analogue fixés sur les tringles qui
soutiennent l'écran de tête.

Quel que soit le dispositif adopté, le constructeur
cherchera à faire un atelier léger, stable et peu volumineux, afin de pouvoir, le cas échéant, l'emporter
pour une excursion un peu lointaine.

ABRI PARAVENT

Ce modèle d'atelier se rapproche de celui imaginé
par M. Lequeux. S'il offre moins de ressources pour
l'éclairage du modèle, il présente cette supériorité
d'être moins volumineux.

Le bâtis se compose de deux cadres de paravent
en bois léger de 1^m,80 de haut sur 1 mètre à 1^m,50
de large. Les cadres sont reliés par des charnières et
peuvent s'ouvrir sous un angle un peu plus grand ou
un peu plus petit que l'angle droit. Le panneau destiné au fond est tendu, comme nous l'avons dit, d'une
étoffe opaque de ton neutre. L'autre panneau est
garni d'un tissu transparent bleuté ou rouge léger.

Le toit construit suivant le dispositif précédent
s'accroche d'une façon semblable sur le cadre du
fond. L'avant est soutenu, d'un côté, par le second
panneau; de l'autre, par une tige T placée à l'avant
du toit et de longueur suffisante pour venir s'accrocher
au côté du panneau de fond. La longueur de cette tige
est calculée pour que le toit puisse être légèrement
incliné. En prévision de cette inclinaison, il sera bon

de monter une seconde tige qui viendra s'accrocher
au panneau de côté.

Le toit étant soulevé, le jour passerait au-dessus
des panneaux. Pour éviter cet inconvénient, on lais-
sera déborder de chaque côté de l'écran de tête environ 30 centimètres de toile, qui boucheront le vide
résultant de l'inclinaison. Cette partie libre de la toile
sera également utilisée lorsque les panneaux seront
ouverts suivant un angle obtus.

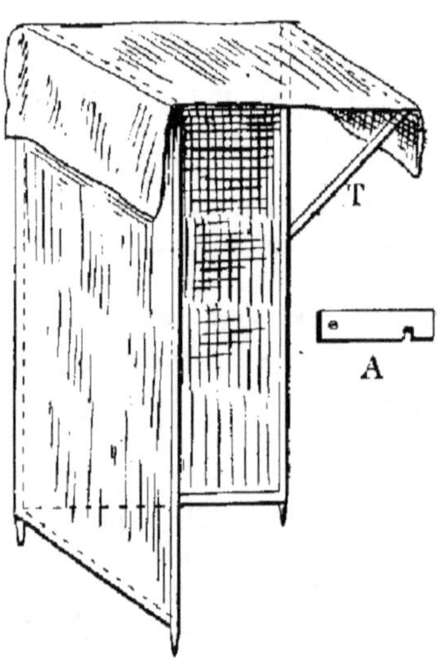

Si l'on juge nécessaire d'avoir un second rideau de
côté, on placera des agrafes sur la partie libre de la
toile qui pend du côté privé de panneau, et on viendra
y accrocher une mousseline légère de couleur convenable. La partie de toile libre de ce côté n'ayant
d'autre destination que de recevoir un rideau supplémentaire, il est inutile de lui donner une longueur
aussi grande que de l'autre côté. Un excès de longueur

serait plutôt nuisible ; en conséquence, on n'en con-
servera que juste la quantité nécessaire pour l'accrochage du rideau supplémentaire, soit de 5 à 10 centimètres au plus.

Appliquant le principe dont nous nous sommes
servi pour la construction du toit, on pourrait coudre
au bord des écrans de côté et du fond une série d'anneaux assez grands pour glisser sur les montants.
Ceux-ci seraient alors cylindriques, et il suffirait,
comme pour le toit, d'avoir une tige pour chaque
grand côté. La tringle formant le sommet de l'angle
servirait à la fois pour l'écran de côté et pour le panneau du fond. A l'extrémité supérieure, une petite
pointe ou crochet retiendrait le dernier anneau ; les
autres prendraient leur place par le seul poids du
rideau.

Cette modification des supports exigerait l'adjonction d'une pointe à l'extrémité de chacune des tiges,
pointe qu'on enfoncerait en terre et qui aurait la
charge de soutenir le panneau. Naturellement un
atelier de ce genre ne serait utilisable que sur un terrain aussi peu résistant que peut l'être le sol d'un
jardin. Pour éviter que la lumière pénètre entre les
panneaux, qui seraient simplement juxtaposés, il
suffirait d'avancer un peu le fond. Celui-ci forçant
alors légèrement sur l'étoffe des panneaux de côté, le
joint serait presque hermétique. L'ensemble aurait
peut-être un peu l'aspect d'un château de cartes, mais
la solidité serait néanmoins suffisante. Si l'on choisit
la combinaison « feuille de paravent », il semble
avantageux de former le fond avec deux feuilles

réunies par des charnières et qui, au moment de l'emploi, seront maintenues rigides et dans un même plan à l'aide de deux ferrures (voir A), fixées en haut et en bas des montants, formant la ligne médiane.

Les divers dispositifs que nous venons d'indiquer n'ont d'autre mérite que celui d'être d'une construction facile et d'un transport peu embarrassant. Dans la plupart des cas, et, en particulier, dans la modification que nous avons proposée pour l'abri paravent, on peut réduire la longueur des tiges en les sectionnant en deux ou trois parties, que l'on raccorde sur le terrain. Nous nous sommes contenté d'indiquer les principes de la construction d'un atelier de pose en plein air. Avec un peu d'ingéniosité, le lecteur combinera un modèle qui conviendra mieux à ses travaux ordinaires ou qui s'adaptera plus étroitement aux conditions opératoires, à la nature des terrains où il travaille habituellement.

Pour compléter utilement cette partie de notre traité, nous devons signaler que les divers fabricants ont imaginé, construit et fait breveter des ateliers de plein air. Quelle est la supériorité de ces installations sur celles que nous avons décrites ? Nous laissons au lecteur le soin de la rechercher. Dans tous les cas, à mérite égal, nous pourrons revendiquer pour nos modèles la légèreté du poids, la réduction du volume et le faible prix de revient.

CHAPITRE III

DES FONDS

Dans notre traité *le Portrait dans les appartements*, nous avons longuement étudié cette question si importante pour le portrait. Nous y renvoyons le lecteur pour les considérations générales.

Le fond peint doit être proscrit de l'atelier du photographe. S'il est des exceptions à cette règle, à coup sûr ce n'est pas dans le portrait en plein air que nous les rencontrerons. On aura beau placer le modèle sous un abri provisoire, maîtriser la lumière, la régler, la répartir selon les exigences de la pose, de manière à avoir une douceur, une finesse de modelé aussi parfaite qu'on pourrait l'obtenir dans le meilleur des ateliers permanents, il y aura toujours quelque chose qui fera distinguer le portrait en plein air du portrait à l'intérieur. La lumière, bien tamisée, sera plus franche, plus vive; l'agitation de la couche interposée entre l'objectif et le sujet diminuera la netteté de l'image. Ces particularités et quelques autres encore constituent le signe propre du portrait en plein air. Comment pourrait-on songer à employer un fond historié. Quel effet produirait une image où l'on verrait le sujet accoté contre un fût de colonne ayant derrière lui une bibliothèque, ou une terrasse agrémentée de fleurs dominant une nappe d'eau qui se perd dans le lointain, alors que le sol, réel celui-là, serait raboteux, caillouteux, pavé ou bitumé ! Ce sont ces petites choses qui échappent trop souvent à l'attention du photographe amateur et qui rendent ridicules les travaux qu'il produit à grand'peine.

Le fond que nous employons dans le portrait en plein air est de couleur gris bleuâtre, se traduisant sur l'épreuve par une teinte qui donne l'illusion d'un lointain vaporeux. Ce fond n'est pas préparé, c'est un simple morceau d'étoffe patiemment cherché quant à la couleur et roulée avec soin pour éviter la formation de plis qui détruiraient l'illusion. Le fond peint uni ou dégradé peut aussi être employé dans le portrait en plein air; mais, dans le transport de l'atelier, il peut s'écailler et alors il est promptement hors d'usage; du reste, nous lui reprochons de donner à l'image un aspect encore trop apprêté. Comme, malgré toutes les précautions, le fond en étoffe peut être chiffonné, nous avons soin d'éloigner le plus possible le modèle du panneau sur lequel son image doit se détacher. Du reste, dans le portrait, on doit toujours faire usage d'un grand diaphragme afin d'avoir une image largement traitée. En opérant ainsi, on n'a guère à redouter de voir apparaître les pliures de l'étoffe si elles ne sont pas trop accentuées.

Désire-t-on obtenir le maximum d'effet vaporeux, on peut essayer du petit truc suivant:

A 20 centimètres environ du fond, disposez des crochets sur le bâti des panneaux de côté; sur ces crochets vous poserez une tringle qui soutiendra une gaze très légère et très transparente, de couleur assortie à celle du fond. Vous obtiendrez ainsi un fondu très agréable. Personne, jusqu'ici, n'a songé à employer ce procédé, dont on voit cependant une application constante au théâtre, lorsqu'il s'agit de masquer une toile de fond pour donner l'illusion de la nuit.

Sans insister plus longuement sur ce point, il est utile cependant de faire remarquer que le fond uni donne plus de vigueur, plus de relief au sujet, et, que, d'autre part, il réduit au minimum les difficultés du silhouettage et qu'il se prête d'une façon remarquable au vignettage, qu'il soit effectué par le dégradateur ou exécuté directement sur le cliché.

La couleur du fond et l'intensité du ton doivent être pris en considération avec plus d'attention encore qu'on ne le peut faire pour le portrait à l'intérieur. Tout, dans le portrait, doit être subordonné au sujet ; mieux vaut avoir un fond trop sombre qu'une figure blafarde. Avant toutes choses, le photographe étudiera l'effet produit par un sujet vêtu d'étoffes claires, puis d'étoffes sombres et se détachant sur un fond blanc, un fond gris neutre, un fond sombre. Cette expérience sert à se rendre compte comment, avec une même durée d'exposition, l'effet varie suivant la couleur du fond. On constatera, en même temps, que l'intensité du fond dépend de l'éclairage du sujet, et que la force de cet éclairage doit être subordonnée au sujet.

Le fond peut être complètement noir, ai-je dit dans

la première partie de cet ouvrage. Un fond noir produit des effets agréables, mais, à mon avis, il s'accommode moins bien que le fond gris d'une lumière douce. Il faut, du reste, opérer différemment selon que le sujet se détache seul sur le fond noir ou que l'entourage du fond est visible sur l'image. Dans le premier cas, l'abri artificiel peut être utilisé, la lumière diffuse concourant seule à l'éclairage du sujet. Dans le second cas, il faut se contenter des abris naturels qui peuvent se trouver aux alentours. Si jolis que soient les effets de ce genre, il ne faut pas en abuser, car on arriverait bientôt à la satiété. Les fonds clairs, au contraire, ainsi que les fonds neutres, frappent moins l'attention, et surtout ils conviennent à la majorité des sujets.

Dans le portrait en plein air un peu de pittoresque ne nuit pas ; au surplus, les circonstances où l'on peut employer l'atelier volant sont plutôt rares ; le photographe amateur doit donc s'habituer à tirer parti des ressources que lui offre l'endroit où il opère.

Nous pouvons diviser les portraits de cette nature en deux catégories :

1º Portraits où le sujet est opposé à une construction ;

2º Portraits où le sujet se détache sur un fond de feuillage.

Pour la première catégorie, il est assez difficile de trouver un fond agréable. La bâtisse se prête peu à l'effet décoratif, à moins que quelque motif de sculpture se rencontre à point nommé pour orner l'image et au besoin aider à la pose. Comme nous le verrons plus loin, les meilleurs endroits que l'on puisse choisir sont l'encadrement d'une porte, les marches ou la terrasse d'un perron, une fenêtre située au rez-de-chaussée.

Très souvent l'amateur se contente de placer son modèle devant un mur nu plus ou moins rongé par le salpêtre, couvert de moisissures et quelquefois d'inscriptions qui échappent à l'examen lors de la pose, mais qui n'en font pas moins fort mauvais effet sur l'image. Comme, dans les cas de cette nature, on est obligé de faire usage de l'écran de tête, il n'en coûte pas plus de se servir de l'écran de côté et, par la même occasion, de disposer un fond derrière le sujet.

Étant données les circonstances qui président à l'opération en plein air, nous pensons que les poses « de repos » debout ou assises qui réussisent fort bien dans l'atelier vitré ne donneraient pas d'aussi bons résultats en plein air. Nous préférons faire une scène de genre et chercher à créer un lien entre le fond et le sujet. C'est précisément en vue de cette utilisation du fond naturel que nous avons imaginé l'atelier provisoire à panneaux indépendants, dont les diverses pièces peuvent être employées séparément et placées à une distance plus ou moins grande du modèle.

Quelques scènes peuvent être assez habilement composées pour qu'on puisse se dispenser d'employer aucun abri. Un appentis est un précieux accessoire pour le photographe en plein air. Selon les goûts et les habitudes du modèle, celui-ci sera photographié près de l'établi du menuisier, occupé à quelques travaux secondaires du jardinage, etc. Le fond sombre réapparaît ici avec tous ses avantages, à condition que le sujet soit très rapproché de la porte. Il ne faut pas perdre de vue que nous faisons du plein air et non de la photographie à l'intérieur. Pour le plein air, les objets d'arrière-plan doivent à peine se distinguer dans le noir du fond ; tandis que, pour la photographie de l'intérieur d'une forge, on doit s'attacher à montrer distinctement le plus de détails possible dans les parties sombres.

Nous avons vu ce que doit être le fond dans le portrait sans abri et comment on doit le choisir quand le sujet est placé auprès d'une construction. Ajoutons à ce propos que le sujet doit être éloigné du fond de 1^m 20 à 1^m 50 afin d'obtenir une perspective aérienne assez difficile à réaliser lorsque le modèle est trop rapproché du fond. Il nous reste à examiner les différents genres de fonds pour une photographie prise dans un espace découvert.

Tout d'abord, étudions le vrai plein air sans atelier ni abri d'aucune sorte, tel qu'il se présente lorsque nous sommes appelés à photographier à brûle-pourpoint, au coin d'une route, au milieu d'une prairie. Le cas se rapproche de celui que nous avons classé sous le nom de photographie documentaire. La réussite est des plus problématiques, si nous voulons un portrait dans le sens strict du mot. Les accessoires dont nous ferons usage sont le chapeau, l'ombrelle, ou, s'il s'agit d'un homme, la main, un journal, etc. Nous reprendrons cette question dans un autre chapitre ; le fond seul nous intéresse ici.

Que doit être ce fond ? Il est probable que nous

aurons à proximité quelque buisson, quelque masse
de verdure. Voilà notre fond trouvé, à condition que
le sujet soit suffisamment éloigné de la verdure
(3 mètres environ) et que celle-ci soit assez haute pour
arrêter la lumière verticale. Si les arbustes sont de
taille moyenne, il faut rapprocher le sujet du fond.
Dans le cas où nous n'aurions pas de masse de verdure dans le voisinage, il faut la chercher à l'horizon
et placer le modèle de manière qu'il soit en opposition
sur ce fond sombre. Le fond peut être aussi peu ac-
centué qu'on voudra, le principal étant que le sujet
ne se détache pas comme un piquet au milieu d'un
espace découvert.

Il est toujours mauvais de prendre le ciel comme
fond, à moins qu'on ne cherche un effet de silhouettage. Le ciel employé comme fond présente deux inconvénients :

1° L'intensité lumineuse étant à son maximum dans
cette partie de l'image, le manque de relief, l'aspect
grisâtre, la platitude en un mot, se trouve augmentée ;

2° L'opposition entre le sujet et le ciel qui l'envi-
ronne est parfois si forte qu'il se produit du halo.

Quelquefois, et dans la première partie de cet ouvrage, nous avons cité cet exemple ; on emploie comme
fond un obstacle naturel quelconque. Dans notre
exemple, nous avions donné comme type du genre
un talus. Si le fond est beaucoup plus grand que le
modèle, on peut obtenir un effet agréable avec cette
disposition. Mais, la plupart du temps, le photographe
amateur ne s'inquiète pas de son fond ; il place le
bonhomme de manière à ce que la figure paraisse bien

blanche et expose sa plaque. Trop souvent, le résultat est ce que nous venons d'expliquer.

Lorsqu'on opère avec une chambre à soufflet, l'examen de l'image sur le verre dépoli permet de saisir facilement le défaut que je signale ; l'opération étant plus réfléchie, le hasard a moins de part dans l'impression du négatif et, par suite, les insuccès de tous ordres et, en particulier, celui qui nous occupe, sont plus rares. Mais quand le photographe se sert d'un appareil à main, il faut une certaine pratique pour éviter les défauts de ce genre. L'image vue dans le viseur clair paraît toujours très belle, la réduction de ces dimensions, les couleurs éclatantes dont elle est parée sont autant d'obstacles qui nuisent à une exacte appréciation de ce que peut être la traduction des valeurs sur négatif.

A Paris l'amateur emploie volontiers les fortifications comme atelier photographique. L'endroit n'est pas des mieux choisis à tous les points de vue, mais surtout à celui de l'éclairage. Encore, quand le soleil vient frapper directement ou obliquement le mur d'enceinte obtient-on des résultats passables, si toutefois le soleil n'est pas trop bas sur l'horizon. Mais quand le déplacement de l'astre radieux oblige à employer comme fond le talus d'escarpe ou à poser le sujet dans le fossé perpendiculairement au mur d'enceinte, les résultats sont déplorables. Généralement une partie du corps ou, ce qui est encore plus laid la tête seule se détache, plate et sans vigueur sur le ciel, alors que le vêtement qui, lui, est presque toujours sombre, se confond avec le talus.

Le feuillage peut constituer un fond très agréable par les oppositions qu'il permet d'obtenir. Si plate que soit la figure, elle sera mise en valeur par le fond sombre sur lequel elle se détachera. Le modèle n'y gagnera pas grand'chose, mais l'aspect général sera amélioré.

La photographie sous bois ne donnerait pas de bons résultats, car la lumière directe qui atteint le sujet provient presque toujours des rayons verticaux qui filtrent à travers la ramure. Pour que le fond boisé puisse être employé utilement, il faut que le sujet soit posé à la limite d'une clairière ou sur les bas côtés d'une route forestière peu large.

Dans le cas où l'on se contenterait de faire de la photographie épisodique, on a moins à se préoccuper de la valeur du fond, puisque le personnage n'est plus appelé à tenir un rôle aussi important que dans le portrait.

Lorsque le sujet se trouve ainsi opposé à une grande masse de verdure, l'attention de l'opérateur doit porter sur l'orientation de la masse végétale. Les arbres adoptés pour former un fond doivent être de belle venue ; ils doivent être en outre assez nombreux pour former réellement masse, et par conséquent, pour que la lumière arrive très faible sur le sol où ils reposent. La hauteur et l'épaisseur du fond sont indispensables ; il faut, en effet, constituer un écran qui ne laisse filtrer aucun rayon lumineux. Le fond doit se trouver éclairé par la même lumière qui éclaire le modèle. Qu'elle vienne de droite, qu'elle vienne de gauche, qu'elle soit perpendiculaire au fond, peu importe, pourvu qu'il n'en vienne pas par derrière, ou plutôt que la quantité qui réussit à passer entre les interstices des feuilles soit si minime qu'elle ne puisse entrer en ligne de compte.

Avec une lumière trop intense qui pénètre à travers le feuillage, on s'expose à du halo, à des taches blanches, qui, si elles ne diminuent pas l'éclat de la figure, détruisent tout au moins l'harmonie de l'image.

Pour des raisons de même nature, il est prudent d'éviter que la lumière de face qui éclaire le fond soit trop vive. Il est assez difficile de choisir le rideau d'arbres qui présente toutes les conditions requises pour former un bon fond. Cependant, avant d'adopter un emplacement, on doit prendre en considération la forme du feuillage. Les essences à feuilles vernissées, blanches, à rameaux nombreux couverts de folioles, etc., donneront lieu à des réflexions de lumière ou à des infiltrations lumineuses occasionnant sur l'image l'aspect désagréable que nous avons décrit.

Sans doute, il ne faut pas s'arrêter outre mesure à des considérations de l'ordre de celles que nous venons de signaler et perdre un temps précieux à examiner le terrain choisi comme lieu d'opération. La pratique aide beaucoup en la circonstance ; un amateur qui aura gâté cinq ou six portraits par des défauts de ce genre deviendra plus circonspect ; il aura surtout des éléments d'appréciation qui manquaient à ses débuts. La valeur du fond doit être déterminée d'un coup d'œil ; mais, pour éviter les surprises, nous conseillons de procéder à cet examen non pas directement, mais sur le verre dépoli de la chambre noire.

Nous ajouterons, pour compléter cette partie de notre étude, que le meilleur fond de verdure sera constitué par des arbres dont les branches surplombent au-dessus d'un terrain plat. Un sol disposé en légers gradins, ou même plus simplement une pente douce qui s'élève pendant quelques mètres, constitue un bon emplacement. Des arbustes et toute cette végétation vivace qui cache la terre dans le sous-bois sont très utiles parce qu'ils masquent le tronc des grands arbres, dont l'effet est toujours désastreux lorsqu'ils surgissent directement derrière le sujet. Enfin la partie plane s'étendant entre la pente et la route devra former une petite terrasse de quelques mètres de superficie afin que le sujet soit bien d'aplomb.

Après avoir parlé du fond de verdure dressé par la nature seule, nous devons dire aussi quelques mots des fonds de verdure que peut nous offrir le jardin.

En première ligne, nous avons le mur de lierre, très joli d'aspect à l'œil nu, mais dont les feuilles luisantes et larges donnent, lorsqu'elles sont trop vivement éclairées, ces taches blanches dont nous avons parlé. Sans éliminer ce fond, nous aurons soin de ne l'employer qu'à bon escient.

Les grands arbres se présentent dans le jardin à peu près comme lorsqu'ils croissent en plein bois ; le terrain seul varie, plus uni, couvert d'une végétation plus régulière dans le jardin ; il est plus facile de poser le sujet, mais l'aspect est moins pittoresque. Les indications que nous avons fournies plus haut trouveront leur application ici.

Restent les dispositions diverses que l'on rencontre dans un jardin, dispositions que nous ne pouvons prévoir à l'exception du bosquet. Ce genre de décoration se prête à d'heureuses combinaisons, il constitue un agréable fond pour le portrait en plein air. Si le bosquet est ouvert à une de ses extrémités, il convient de masquer l'une d'elles avec une toile, autrement nous nous trouverions en présence du cas de photographie sous une voûte que nous avons déjà examiné. Si le feuillage qui masque le fond du bosquet est très clairsemé, comme il arrive au commencement de la saison, il faut encore se servir de la toile pour empêcher la lumière de filtrer à travers les jeunes pousses.

Dans le chapitre consacré à la pose, nous retrouverons la plupart des questions que nous venons d'examiner ; nous n'avons donc pas besoin de nous étendre plus longuement sur ce sujet. Nous avons simplement voulu montrer au lecteur quelle est l'importance du fond naturel dans la photographie en plein air et faire connaître par quelques exemples typiques combien il est nécessaire de choisir avec soin un fond qui ne nuise en rien à la figure qu'il est chargé de mettre en valeur. Trop souvent, c'est pour avoir négligé ce point en apparence secondaire que les amateurs arrivent à gâter des images qui présentent de très réelles qualités artistiques.

CHAPITRE IV

ÉCRANS

Les chapitres qui précèdent ont suffisamment démontré l'utilité des écrans. Pour cette question comme pour celle qui fait l'objet du chapitre précédent, notre traité *le Portrait dans les appartements* contient de nombreuses et intéressantes considérations sur le sujet. Nous y renverrons le lecteur, s'il trouve quelque intérêt à la question.

Le plus simple de tous les écrans est le chapeau, avons-nous dit. Ajoutons que le meilleur, pour l'homme, est le chapeau de paille ; pour l'enfant, la capote en tissu léger qui affine et rend plus mutine la physionomie de ces êtres délicats. Quant à la femme, nous n'en parlerons pas : les modes qu'elle suit avec passion sont si bizarres et si changeantes que nous risquerions fort de proposer comme type un modèle disparu depuis huit jours.

Si on ne peut donner des indications précises en ce qui concerne la coiffure des femmes, il est du moins possible de signaler un objet de sa toilette de mode constant qui constituera un écran parfait. Cet objet, c'est l'emblème.

Revenons au chapeau. En plein air, le modèle ne

doit pas quitter son couvre-chef. Outre que ce serait l'exposer à pincer une bronchite ou un coup de soleil s'il quittait ce protecteur des calvities, nous trouvons divers avantages à le lui faire conserver. D'abord il aide à la vraisemblance sinon à la ressemblance. Pour les scènes où le sujet est représenté dans une occupation quelconque et en costume journalier, l'usage du chapeau n'est plus indispensable, il détruirait plutôt la vraisemblance dans ce cas. Par contre, le bonhomme endimanché qui nous demandera de fixer ses traits sur le gélatino-bromure d'argent se trouvera toujours bien d'être photographié cape en tête ; il sera moins laid, quoique toujours aussi grotesque.

Le second avantage que nous trouvons à l'emploi du chapeau, c'est que cet objet de toilette arrêtera les rayons perpendiculaires qui nuiraient à la mise en relief de la figure. Je considère que le portrait effectué dans un espace découvert peut être d'une ressemblance parfaite, d'un modelé exquis et d'un aspect artistique des plus accentués par le seul emploi du chapeau.

Que cherchons-nous, en effet, dans le portrait, sinon la représentation de la physionomie du sujet. Or c'est le modelé qui nous donnera cette physionomie avec ses détails les plus fugaces. Pour avoir le modelé, il nous faut une lumière douce qui s'étende sur la figure sans la frapper brutalement. Le chapeau, s'il ne jette pas une ligne d'ombre trop forte sur la figure, nous donnera ce modelé que nous devons obtenir. Par contre, le paysage qui entoure le sujet peut recevoir une lumière brutale, si la photographie

est prise dans le plein soleil. Pour avoir la vraisemblance, il faut que la traduction de l'intensité lumineuse soit égale sur toutes les parties de l'image.
Nous aurons donc à la fois le plein soleil ou toute
autre vive lumière et le modelé de la figure ; s'il y a
truquage, il ne sera pas apparent parce qu'il portera
sur une petite portion de l'image, la figure, et que la
diminution de l'intensité lumineuse en cet endroit
semblera justifiée par la présence du chapeau.

L'ombrelle est encore plus utile que le chapeau ;
elle peut servir à la fois d'écran de tête et d'écran de
côté. Bien que son emploi soit plutôt indiqué pour
le portrait en pied, elle est néanmoins utilisable pour
une pose assise quand cette pose est judicieusement
choisie. Selon l'inclinaison qu'on lui donne, elle peut
être employée pour arrêter les rayons lumineux ou
pour les tamiser du côté de la grande lumière, comme
elle peut servir de réflecteur du côté le moins éclairé.
Par sa forme elle peut même rendre des services semblables à ceux qu'on peut demander au fond circulaire d'Adam Salomon, à condition, bien entendu, de
restreindre l'effet à la tête et aux régions voisines. Il
est à peine besoin de dire que l'ombrelle en tissu
léger et transparent, blanche ou de couleur claire, présente seule les qualités requises pour remplir le rôle
que nous lui assignons.

Dans les installations provisoires, de quelque nature qu'elles soient, on peut aussi utiliser avec avantage pour constituer l'écran de tête un cadre léger
garni de papier végétal ou, pour avoir plus de solidité,
de cette toile à calquer dont les architectes font usage.

Ce cadre doit être assez grand pour dépasser la tête du sujet d'environ 0^{m}30.

L'ingéniosité est une qualité indispensable au photographe amateur. C'est elle qui lui permet de réduire ses dépenses en restreignant son matériel au strict nécessaire. C'est surtout dans la photographie en plein air que l'ingéniosité de l'amateur trouvera le mieux à s'exercer. Il n'est pas toujours possible d'emporter tout l'attirail qui compose un atelier et les accessoires pour la pose en plein vent. L'opérateur peut se trouver sollicité à l'improviste, il est donc bon qu'il sache mettre en œuvre les éléments les plus disparates et les faire concourir à l'œuvre qu'il a entreprise.

Tout d'abord on ne voit autour de soi rien qui puisse remplacer les accessoires de pose, les écrans, etc., dont on a besoin. Un peu d'attention montre bientôt que les objets qui en peuvent tenir lieu sont nombreux. Le linge et tout objet blanc ou légèrement teinté peut être utilisé. Une serviette, une nappe, un volet fraîchement peint constitueront des réflecteurs, quelquefois insuffisants, mais qui possèdent cependant quelques qualités. Il nous est arrivé de mettre à contribution la lumière réfléchie par un battant de fenêtre ouverte suivant l'angle voulu. Dans d'autres circonstances, nous avons utilisé la chemise même dont le sujet était revêtu pour obtenir un reflet qui vienne adoucir un dessous de visage un peu plus sombre. En ceci, comme pour le reste, quelques essais pratiques seront plus utiles au lecteur que de longues pages de description. Il suffit d'indiquer la voie à suivre et de montrer par quelques exemples comment on peut sortir avec avantage des situations les plus imprévues et les plus difficiles.

L'amateur qui se construira un atelier de pose pour le portrait en plein air aura tout intérêt à le munir des écrans nécessaires pour régler la lumière et la répartir à sa guise.

Par sa disposition, l'atelier à panneaux mobiles se prête fort bien à l'emploi des écrans. Quel que soit le modèle adopté, ce ne sera en somme qu'un assemblage des écrans employés par le portraitiste en appartements.

En plein air comme à l'intérieur, nous avons besoin de deux sortes d'écrans : 1° l'écran de tête qui supprime les rayons verticaux ; 2° les écrans de côté qui sont chargés, les uns de tamiser ou de diffuser la lumière, les autres de la refléter.

Dans la photographie à l'intérieur, nous avons à lutter contre une mauvaise distribution de l'éclairage. D'une part, nous avons excès ; de l'autre, insuffisance de lumière. Nous devons donc atténuer d'un côté et augmenter de l'autre. En plein air, nous avons partout un excès de lumière, qui viendra s'écraser en quelque sorte sur le sujet et donnera une image sans relief. Si nous procédons comme le fait le portraitiste en appartement, nous arriverons à produire une image éclairée sur les côtés, les ombres venant se masser sur le milieu de la figure dans les parties avoisinant les grandes saillies. L'effet, pour être différent, n'en serait pas meilleur.

Dans le choix des étoffes qui recouvriront les panneaux de notre atelier, nous devons donc chercher une combinaison grâce à laquelle nous obtiendrons : 1° un côté bien éclairé ; 2° un côté avec des demi-teintes bien franches et très légères ; 3° quelques grandes lumières naturelles produites par des rayons directs tombant sur le sujet, suivant un angle de 45° environ et dans une direction un peu oblique par rapport à la position du corps. C'est-à-dire que, si le sujet est posé de face, cette lumière directe ne devra pas tomber juste au milieu de la figure, mais, au contraire, un peu à droite ou un peu à gauche.

Parmi les objets qui peuvent être utilisés sur le terrain, le parasol du peintre est un instrument fort utile. Le système à genouillère est particulièrement à recommander. On doit s'ingénier à masquer la tige qui soutient le léger abri de toile, à moins que le parasol complet ne doive figurer dans l'image.

La meilleure combinaison qui puisse être conseillée est celle qui consiste à tendre devant le parasol un drap ou une grande pièce d'étoffe de couleur claire, à défaut d'un tissu grisâtre qui doit toujours être préféré.

A l'aide de quelques épingles on fixera à l'envers du drap quelques rubans de fil, deux ou trois. Par ces rubans on attache le drap à la tige du parasol sans que la ligne d'attache se traduise trop durement sur l'épreuve. Un support quelconque sera fixé aux extrémités du drap par un système analogue. Pour produire tout son effet, le drap devra être cintré à l'instar du fond Salomon dont nous parlions précédemment. Il n'est pas nécessaire d'avoir un cintre parfait, si l'on éprouvait quelque difficulté à obtenir la courbure voulue, un ou deux piquets plantés vers la partie médiane viendraient aider à dresser convenablement l'écran circulaire.

Il n'est pas non plus indispensable que le parasol se trouve juste au milieu du drap. Au contraire, on rencontrera des cas où il y aura avantage à placer la tige du parasol vers le tiers du drap, de façon qu'un des écrans ainsi constitué soit plus grand que l'autre et protège davantage un des côtés du sujet.

De même la courbure régulière du drap n'est pas utile, nous la jugeons plutôt nuisible. Dans les conditions ordinaires, la partie du drap qui reçoit directement les rayons lumineux, celle, par conséquent, qui donne les grandes lumières de l'image devra être un peu plus éloignée du sujet que l'autre, qui forme réflecteur et ne reçoit qu'une lumière diffusée.

Revenant à la préparation des écrans mobiles qui constituent l'atelier de pose, nous dirons que l'étoffe fixée sur les panneaux doit être plus solide et, par suite, peut être plus opaque que celle employée pour les écrans du photographe en appartement. Les écrans du pleinairiste ne doivent pas être trop fragiles afin de pouvoir résister aux chocs du transport. D'autre part, la quantité de lumière qu'ils recevront en plein air sera plus considérable que celle qu'ils reçoivent dans le travail à l'intérieur. La lumière sera plus vive, par conséquent elle traversera aisément un tissu un peu serré. Les toiles minces, le calicot léger conviendront mieux que les gazes et les mousselines employées d'ordinaire. On pourrait employer deux épaisseurs de ces vaporeuses étoffes, mais nous ferons remarquer que l'opacité serait plus grande à épaisseur égale qu'elle ne le serait pour toile mince, en effet, par suite du chevauchement des fils du tissu, les interstices qu'ils laissent entre eux seraient plus ou moins obstrués. D'autre part, la coloration serait plus intense pour deux étoffes superposées qu'avec une étoffe plus épaisse de même teinte. Si l'on ne considère que la teinte par elle-même, la superposition de deux des tissus colorés employés pour la photographie à l'intérieur ne serait pas autrement mauvaise. Dans la préparation de nos écrans colorés de plein air, nous aurons, en effet, à tenir compte de l'intensité de la lumière, ce qui nous conduira à choisir un ton plus élevé dans la gamme des colorations.

CHAPITRE V

LE MODÈLE

---

§ 1. — Pose du sujet isolé.

Le portrait pris en plein air sous la protection d'un atelier provisoire se rapproche beaucoup, quant aux conditions opératoires, du portrait dans l'atelier vitré. Après avoir tenu compte des indications contenues dans les précédents chapitres et, en particulier, après avoir procédé à la répartition de la lumière, il convient de se préoccuper de la pose du modèle.

Pour les conditions générales et les règles pratiques qui doivent être observées dans la mise en place du sujet, nous devons encore renvoyer le lecteur à notre *Traité sur le portrait en appartements*. Nous n'examinerons ici que les cas particuliers s'appliquant à la photographie en plein air. Dans le chapitre II, nous avons tracé les bases à peu près complètes d'une opération effectuée devant un fond naturel fourni par une construction. La partie de celle-ci que l'on utilise intervenant seulement pour sa couleur et non pour sa forme, il faut limiter l'angle de visibilité de manière à n'englober dans le négatif aucune autre

des parties de la construction que celle qui a été
choisie pour fond, c'est-à-dire que, si l'on place le
sujet devant un mur, l'image ne devra présenter
aucune trace des fenêtres ou des portes qui se trou-
veraient dans le voisinage du modèle. Par la même
raison, on devra choisir un mur uni sans soubasse-
ment ou autre détail architectural dont la présence ne
serait pas justifiée par le genre d'image que l'on veut
obtenir.

Nous devons déclarer que le portrait dans des conditions semblables est fort difficile à obtenir ; si l'on
ne possède pas un atelier de plein air, il faut essayer
d'en constituer un avec quelques morceaux d'étoffes.
Des traverses, des tringles, des objets quelconques à
grande surface ou plusieurs objets plus petits super-
posés formeront la carcasse sur laquelle reposeront
les étoffes employées. Pour le côté qui reçoit directement les rayons lumineux, on ne peut disposer un
semblable assemblage d'objets divers ; l'épaisseur
arrêterait la lumière. De ce côté, l'étoffe sera soutenue
par une traverse ou, plus simplement, posée sur une
corde fortement tendue s'attachant, d'un côté, à un
clou planté dans le mur ; de l'autre, à un étai, un
arbre, un autre clou, etc., selon la disposition des
lieux. L'installation est des plus rudimentaires, elle
peut cependant suffire si l'opérateur sait mettre en
œuvre des éléments aussi hétéroclites.

Le sujet placé devant un fond de cette nature peut
prendre toutes les poses usitées dans l'atelier, sauf
celles qui exigent un éclairage spécial et une combinaison de rideaux et d'écrans impossibles à monter

pour une opération qui, avant tout, doit être rapide.

Si l'on prend en considération la vivacité de la lumière qui tombe sur le sujet et qu'il sera probablement très difficile de maîtriser complètement, il semble tout indiqué de faire prendre au modèle une pose qui sente le plein air. Le chapeau, les gants, la canne, l'ombrelle que l'on impose souvent au sujet photographié sous l'atelier vitré seront mieux indiqués ici. Les poses debout seront, pour la même raison, préférables aux poses assises, et la photographie « en pied » sera adoptée plutôt que la vignette. Toutefois ceci est une affaire d'appréciation, et rien n'empêche d'essayer quelques vignettes si le sujet se détache sur un fond blanc ou de teinte claire.

À tant faire que d'indiquer notre préférence nous dirons que la réussite nous semble plus certaine si le portrait est pris à l'intérieur. Il est alors plus facile de régler la lumière, et on peut, sans inconvénient, augmenter et la dimension du format et la proportion du sujet par rapport à la grandeur de l'image.

Dans notre pensée, le portrait en plein air doit former une image où le sujet est représenté aussi grand que possible, où il occupe environ les deux tiers de la plaque et se détache sur un fond naturel formant corps avec la scène représentée. Les pavillons, les petits hôtels fournissent un cadre tout indiqué pour des portraits semblables. Généralement ils sont éloignés des regards indiscrets, et l'opérateur a toute la quiétude nécessaire pour mener à bien son travail. Les constructions de cette nature, peu élevées, ont des portes ouvrant sur un perron abrité par une marquise. Voilà plus qu'il n'en faut pour faire une photographie charmante.

Supposez, par exemple, que le sujet, une femme, vêtue d'une toilette claire, soit représentée sur le seuil de la maison prête à quitter son foyer pour quelque promenade. Elle est arrêtée sur le perron, la porte encore grande ouverte forme un fond noir sur lequel elle se détachera. Comme elle ne peut pas rester là sans une occupation qui explique son immobilité, nous lui ferons mettre ses gants ouvrir son ombrelle, etc.

Nous pouvons, dans ce cadre, faire un petit groupe : la jeune mère qui va sortir donne une dernière caresse au bébé qui reste à la maison, ou toute autre scène intime qui ajoute au charme de l'image.

La proportion des deux tiers du format de la plaque indiquée pour la grandeur à donner au sujet doit être considérée comme un maximum. Généralement, on devra se contenter d'une proportion moindre un peu plus que la moitié de la plaque environ, surtout si la scène comprend deux personnes. Cette réduction n'est pas importante, elle permet de conserver encore une bonne dimension à la figure, et elle offre l'avantage d'avoir de l'air autour du sujet.

Est-ce la fenêtre de rez-de-chaussée que nous avons choisie ? La « scène à faire », c'est Jenny l'ouvrière arrosant son pot de réséda ou accrochant la cage de ses canaris. Le groupe sentimental réussirait aussi à merveille dans un cadre semblable. Selon la rusticité de la bâtisse, nos sujets seront habillés en conséquence : nous pouvons faire des scènes champêtres ou

des scènes de la grande vie. Colin peut présenter une
rose à Jeannette ou un abbé musqué débiter un ma-
drigal à une marquise du siècle dernier. Affaire de
goût et un peu aussi d'accessoires. Le principal en
l'occurrence est de bien placer les sujets : l'un à
l'extérieur, l'autre à l'intérieur. Sans qu'il y paraisse, cette composition si simple nous offre les meilleures conditions de réussite : un profil pour Colin,
un trois quarts pour Jeannette. Quant à l'écran de tête,
nous ne serons pas embarrassé pour si peu. Colin est
un rustre, il gardera son chapeau sur la tête ; c'est
aussi le coq du village, il doit avoir la fatuité de
l'emploi, ledit chapeau sera donc posé crânement de
côté et, par un hasard que nous saurons diriger, il se
trouvera que l'inclinaison du chapeau se présentera
précisément du côté où il faut arrêter les rayons lumineux. Jeannette est coiffée d'un bonnet coquet
éblouissant de blancheur qui jettera à propos une
douce lumière réfléchie du côté de la figure placé dans
l'ombre.

Le portrait en plein air exécuté à la campagne, dans
les champs ou dans les bois, comporte peu de poses
variées. Les poses assises fourniront plus de choix
que celles où le sujet est photographié debout. Toutefois le sujet ne peut guère s'asseoir que sur un talus,
un accotement de route, un tas de pierres ; sur des
sièges aussi incommodes, les poses grotesques sont
fréquentes, surtout chez les personnes un peu cor-
pulentes. C'est affaire à l'opérateur d'éviter le ridicule
chez son client.

Le rural, photographié en pleins champs, peut avoir

l'air de s'adonner à une occupation qu'il mimera d'autant mieux qu'il a l'accoutumance de l'action qu'il s'agit de représenter. Le paysan doit être photographié dans ses champs, au milieu de sa ferme. Il est là dans son élément naturel et ne paraîtra pas gauche. Sa figure taillée à coups de serpe, son dos voûté, ses vêtements trop courts, fripés, ses cravates roses ou vertes craignent moins la vive lumière qu'on ne serait tenté de le croire. Par contre, le citadin en chapeau haut de forme ferait piètre figure auprès des blés fleuris. Photographiez les gens dans le milieu qui leur convient, c'est le commencement du succès de l'opération.

Le jardin avec ses allées bien ratissées, ses pelouses tondues, n'offre guère les éléments d'une image artistique. La nature sauvage avec son imprévu, la puissance de sa végétation produisent un effet plus empoignant. Néanmoins les petites allées, les massifs de rosiers, les pelouses, les bosquets sont capables de donner des fonds agréables lorsqu'ils sont judicieusement employés. D'abord ils ont un mérite, ils sont naturels, et, sur ce point, ils surpassent les terrasses à l'italienne des fonds peints de nos professionnels.

C'est surtout dans les sujets de ce genre qu'il faut employer l'objectif à long foyer embrassant un petit espace. Si vous faites usage d'un objectif à grand angle, le modèle planté au milieu des massifs et des pelouses séparés par les allées cailloutées aura l'air d'être planté au milieu d'un échiquier.

Les poses simples donneront les meilleurs résultats. Il importe ici de choisir surtout la pose la mieux appropriée pour les représentants du sexe masculin. Le jardin n'est guère notre lieu de prédilection. Nous y fumons volontiers un cigare, nous y paressons le dimanche dans un *rocking-chair*, mais il est bien rare qu'on nous y voie occupé à quelque travail d'entretien des pelouses ou des plates-bandes. Il serait donc absurde de représenter un beau monsieur à tournure de financier courbé ou accroupi au bord d'un massif comme s'il cueillait des fraises ou faisait la chasse aux escargots.

La femme en toilette d'intérieur, claire et vaporeuse, l'enfant dans ses légers et frais costumes sont les hôtes habituels de nos jardins. Le cadre et le tableau s'accordent à merveille. Nous pouvons créer de charmantes compositions. La femme armée d'un minuscule arrosoir, verse à ses plantes favorites l'eau nécessaire pour raviver leurs brillantes couleurs. Photographiée près d'un beau massif de rosiers, elle cueille les fleurs dont tout à l'heure elle composera un charmant bouquet. Y a-t-il dans le voisinage quelque puits à la margelle verdie, couverte de plantes grimpantes, nous y trouverons un joli tableau. Les accessoires ne nous manqueront pas, il faut seulement savoir les découvrir et les utiliser.

La plupart des poses qui conviennent à la femme peuvent être employées pour les enfants, cueillette des fleurs, préparation des bouquets, arrosage, etc. Nous avons en plus la ressource des jeux. Un cerceau, une corde, un ballon donneront à l'enfant l'occupation des mains qu'il est quelquefois si difficile de trouver dans la photographie à l'intérieur.

Mais, dira-t-on, que deviennent dans tout ceci les écrans, les fonds, et tout cet attirail que nous avons présenté comme quasi indispensable pour avoir de bons portraits en plein air. Remarquez que, le fond, nous n'avons pas à nous en préoccuper, il nous est fourni par la nature sous la forme d'un massif de verdure que nous saurons bien trouver. L'écran de tête nous avons dit qu'il peut être remplacé par un chapeau, une coiffure large comme en portent les châtelaines dans leur parc, ou encore une ombrelle. Reste l'écran de côté. Celui-là, s'il est indispensable pour éclairer une ombre trop forte, adoucir une lumière trop vive, rien ne nous empêche de le disposer à côté du sujet en s'arrangeant de manière qu'il ne figure pas sur le négatif. Les panneaux mobiles et indépendants dont nous avons conseillé l'emploi nous seront fort utiles en cette circonstance.

Pour l'homme, à moins que nous n'ayons à portraicturer un sujet connu comme un amateur passionné du jardinage, nous nous garderons bien de le représenter la bêche ou le râteau en mains. Nous tâcherons de lui trouver une occupation bien tranquille. Asseyons-le par exemple à l'ombre d'un bosquet et plaçons entre ses mains un livre ou un journal. Mettons à côté de lui une table chargée des accessoires du fumeur. Représentons-le en train de rouler une cigarette. Occupons-le en un mot aux choses qui lui sont habituelles, nous augmenterons ainsi les chances de ressemblance.

Il est assez difficile d'obtenir un bon modelé en pleine lumière quand le sujet n'est pas protégé par un des abris dont nous avons recommandé l'emploi. Les portraits pris de face sont presque toujours très plats, les rayons directs tombent souvent mal à propos sur un point de la figure qui se trouverait mieux d'être tenu dans une douce pénombre. Le portrait de face n'est pas à conseiller ; les meilleurs résultats sont obtenus par la pose de trois quarts très accentuée et par le portrait de profil.

Nous pourrions voir aussi comment il faut procéder pour les scènes de la rue, mais cela nous entraînerait trop loin. Du reste le portrait en pleine rue n'est guère notre affaire. Il est la spécialité d'une catégorie de professionnels qui s'entendent fort bien à placer le petit boutiquier, sa famille, ses aides, ses voisins devant le magasin paré pour la circonstance des plus belles marchandises qu'il garde habituellement dans la profondeur de ses rayons.

Puisque nous touchons ce sujet, donnons cependant un conseil à l'amateur que les circonstances amèneraient à se substituer à ces intéressants professionnels.

On sait que toute surface polie forme un miroir plus ou moins brillant. Le moindre carreau opposé à un fond noir peut ainsi nous montrer notre image ; par incidence, il nous donnera l'image des objets environnants. Les glaces d'un grain très fin, d'une planité parfaite qui garnissent la devanture de toutes les boutiques possèdent au plus haut point cette faculté de reproduction. Si l'opérateur est peu attentionné, il s'expose à obtenir sur la plaque sensible une image différente de celle qu'il a pu percevoir par

un examen direct. De l'endroit occupé par l'opérateur, la glace du magasin ne montre pas trace de la
réflexion des objets qui lui font face et qui deviennent visibles du lieu où est placé l'objectif. On a ainsi
une image souvent fort cocasse qui se compose à la
fois de la reproduction de la devanture du magasin et
d'une partie des objets situés vis-à-vis d'elle. C'est
que l'objectif se trouve dans l'angle de réflexion des
rayons émanant de ces objets. Quelquefois, au lieu
d'une seconde image, on se trouve en présence d'une
tache blanche, parce que la réflexion portait sur de
la lumière ou des objets très brillants au lieu de s'appliquer à une construction ou à des objets peu éclairés. Le photographe devra donc s'assurer sur le verre
dépoli de la chambre noire que le défaut que nous
venons de signaler ne s'est pas produit. Le mal étant
reconnu, il est du reste facile d'y remédier, avant
l'impression du négatif naturellement ; il suffit de
déplacer légèrement l'appareil et de le reporter un peu
à droite ou à gauche de l'endroit où il avait été dressé
tout d'abord.

Avant de terminer ce chapitre, nous signalerons
un accessoire fort utile pour le portrait en plein air
dans un jardin. Cet accessoire, que l'on peut se procurer à un prix modéré, c'est le hamac. Suspendu
dans un endroit ombragé mais néanmoins assez clair,
il permet de combiner quelques petites scènes très
agréables ou de faire des portraits isolés. Il convient
particulièrement pour les sujets féminins jeunes ou
d'âge moyen. Une quadragénaire commencerait déjà
à produire un effet grotesque qu'il faut éviter à tout

prix. Nous emploierons donc exclusivement le hamac pour les jeunes filles et les jeunes femmes. Comme il ne faut pas abuser des meilleures choses, il sera bon d'user modérément du hamac pour éviter la monotonie des épreuves. Nous devons, en outre, attirer l'attention du lecteur sur la mobilité extrême de cet appareil de repos. Pour éviter le flou, il faudra opérer par temps calme, ne découvrir l'objectif que lorsque le sujet sera complètement installé et quant le lit suspendu aura repris son immobilité. Le choix d'un emplacement bien éclairé s'impose afin d'obtenir des poses courtes.

En ce qui concerne la méthode opératoire à suivre lorsqu'il s'agit de photographier un sujet isolé nous dirons : « Employez toujours un grand diaphragme. » Vous faites du plein air, il faut que l'épreuve positive donne l'impression de ce plein air, qu'elle soit vigoureuse, brillamment éclairée, pas de netteté excessive. En plein air, l'œil est toujours distrait, il est sollicité de droite et de gauche, il a plus de peine à s'arrêter longtemps sur le sujet et, par conséquent, à voir celui-ci très net. En effet, ce n'est que par une attention soutenue, un examen prolongé qu'on arrive à voir les uns après les autres les détails : chaîne de montre, boutons, dessins de dentelles, dont l'ensemble, le nombre, constituent la netteté plus ou moins grande.

Donc pas de netteté excessive, même si le portrait est pris sous l'abri de l'atelier provisoire. Si vous faites du vrai plein air, diaphragmez légèrement dans le cas où les masses de verdure serviraient simplement comme fond. Si le paysage est pris dans son ensemble décoratif et doit concourir avec le sujet pour faire l'image, il ne doit plus se traduire par des masses sans détails ; la mise en valeur doit se faire à la fois par la couleur et le dessin, vous pouvez alors diaphragmer un peu plus, mais que le sujet soit toujours traité largement.

Pour fixer d'une manière précise notre pensée, nous supposerons que l'objectif est muni de la série des diaphragmes f 8, $f/11$, f 16, f 32, f 64, etc. Pour le premier cas, et même pour le deuxième, nous opérerons avec f 8. Pour le troisième cas, nous choisirons $f/11$, et, à la rigueur, $f/16$, mais jamais nous ne devrons employer les ouvertures plus petites.

§ 2. — Groupes

S'il est un genre qui peut caractériser le portrait en plein air, c'est la photographie collective. L'opérateur a besoin d'espace pour grouper ses modèles ; à l'intérieur, la place est trop chichement mesurée pour qu'on puisse faire des compositions intéressantes. Avec l'espace, il faut aussi la lumière. C'est surtout pour la photographie d'un groupe qu'il est bon de se souvenir que la lumière luit pour tout le monde. Si vous opérez à l'intérieur, votre positif montrera presque toujours des blancs, des mulâtres et des nègres. A l'extérieur, vous n'aurez que des blancs. Trop blancs même seront vos sujets, si vous ne savez pas les placer convenablement.

Par groupes nous entendons une réunion de cinq à

six personnes. Nous ne voulons pas transformer le lecteur en un photographe pour noce ou en opérateur de caserne. Ce n'est pas la multitude qu'il s'agit de fixer sur la plaque sensible, ce n'est pas non plus une société, bannière au centre, que nous voulons photographier. Laissons cela aux professionnels, ils sont outillés pour ce travail, ils en ont l'habitude, et il faut bien leur laisser quelques moyens d'existence.

Nos prétentions sont modestes, nous désirons seulement être en état de conserver le souvenir d'une excursion entre amis, d'une réunion de famille, grouper sur la même plaque nos enfants et leurs petits camarades.

Le groupe étant peu étendu, nous n'aurons pas de grand angulaire et, par conséquent, nous n'aurons pas à nous préoccuper de l'effet d'élargissement qui se produit pour les personnages placés vers les bords de la plaque. Le rectiligne suffira, mais nous serons obligé de diaphragmer un peu plus. Si le groupe est placé en bonne lumière nous pourrons nous permettre le diaphragme $f/32$. C'est déjà beaucoup, mais « qui veut la fin veut les moyens ». Le petit nombre des personnages laisse la faculté de les disperser ou plutôt de les éloigner un peu les uns des autres, afin de pouvoir les faire concourir à une occupation commune.

La dispersion des sujets sur toute la largeur de la plaque entraîne quelques mesures destinées à parer au manque de netteté. Un excès de diaphragme aurait divers inconvénients : il allongerait la pose, il donnerait de la sécheresse à l'image. Cependant il est nécessaire que les personnes placées aux extrémités du groupe ne soient pas trop sacrifiées. Il y aura toujours avantage à disposer en demi-cercle les personnages du groupe ; de cette façon, ceux qui sont aux extrémités seront photographiés avec assez de netteté pour qu'ils soient satisfaits de leur image.

Pour la photographie des groupes il est souvent avantageux de délaisser le rectiligne et de le remplacer par un anastigmat. Les objectifs de cette catégorie nous offrent deux avantages :

1° Ils embrassent un angle assez étendu, 60 à 80, sans avoir les inconvénients du grand angulaire.

2° Ils donnent, à très grande ouverture, une netteté complète sur toute la surface de la plaque.

Par conséquent ces objectifs nous fourniront le moyen de fixer sur la plaque un groupe assez important tout en conservant aux sujets une dimension suffisante et ils nous permettront d'avoir un minimum de pose avec maximum, un excès même de netteté, malgré la grande ouverture du diaphragme.

Quels sont les genres de groupe donnant les meilleurs résultats ? Nous ne pouvons guère donner d'indications à ce propos. Le choix de la composition dépend du nombre des sujets, de leur caractère, de la disposition du terrain et, un peu, de la lumière.

Dans l'intimité de la famille on peut faire une foule de petits tableaux charmants, comprenant peu de personnages, ce qui permet de donner à leur image des proportions assez grandes pour constituer de véritables portraits.

La lessive en plein air, le bain de bébé, les jeux

tranquilles, etc. : voilà les compositions courantes.
Le dimanche, les réunions familiales nous permettront d'aborder les repas en plein air sous le bosquet
ou sur une terrasse. Ici il faut une certaine expérience
pour réussir. Autant que possible, on doit éviter de
produire une épreuve où les personnages soient
manifestement dans l'attente du déclenchement de
l'obturateur. La disposition en demi-cercle serait
contraire à celle que prennent d'ordinaire les convives assemblés autour de la table. La disposition
circulaire nous entraîne à avoir des personnages
placés à des plans fort différents ; on est exposé à
sacrifier la netteté des personnages d'avant-plan.
D'autre part, les convives peuvent se masquer les
uns les autres ou, ce qui est pire, une portion de
visage peut sembler, par l'effet de la perspective,
s'ajouter à une tête placée à un plan antérieur. Il
faut donc, comme nous le disions plus haut, une certaine expérience pour parvenir à poser correctement
et à photographier un groupe.

Le meilleur moment pour prendre la vue d'un
groupe de convives est celui où le repas touche à sa
fin. Si quelque toast est porté voilà le véritable instant propice, l'animation de cette période du repas
permet de grouper les assistants d'une façon savante,
éloignant quelques convives de la table, faisant effectuer quelques conversions avantageuses à certains
autres, répartissant le dernier lot en des positions
penchées, demi-levées ; etc., qui établiront une grada-
tion entre le leader et ceux des convives qui ont con-
servé la position régulière.

L'ordre dispersé nous offre aussi un moyen de nous tirer d'affaire avec honneur. Souvenons-nous qu'un beau désordre est un effet de l'art. Etudions d'abord l'emplacement où nous devons opérer et rendons-nous compte de l'espace où nos personnages pourront évoluer.

L'appareil étant braqué, faisons une première mise au point qui n'aura d'autre but que de tracer sur le verre dépoli les limites extrêmes du sujet.

Après avoir étudié avec les intéressés les bases principales de la scène à représenter, nous procéderons à la mise en place. Nous recommandons à ce propos à l'opérateur d'imposer sa volonté et de diriger complètement la manœuvre. S'il se laisse influencer, s'il écoute les donneurs de conseils, il est perdu. L'opération qui, bien conduite, peut être terminée en un quart d'heure, exigera plus d'une heure. Les personnages seront fatigués, mécontents, et le négatif sera mauvais.

La disposition des personnages doit se faire d'après celle adoptée par les peintres flamands pour leurs kermesses. Vers le milieu de la table, nous écarterons un peu les convives, mais nous les laisserons assis. Les personnages placés à l'avant seront assis sur des sièges plus bas, ou ils auront une occupation qui leur permettra de se baisser un peu pour dégager sans affectation les arrière-plans. Ces derniers seront occupés par des personnes qui se rapprocheront davantage de la table. De-ci, de-là, nous aurons quelques personnes debout, mais ceci devra être combiné de telle façon que l'ensemble concoure en un point unique

occupé par une personne qui, seule, sera complètement
dressée.

La direction des regards doit converger sur un
même point pour toutes les personnes qui font face
à la table. Pour éviter la divergence des regards, on
disposera, au tiers antérieur de la table, environ, une
pièce quelconque : surtout de table, gâteau, sucrier,
sur lequel les intéressés seront invités à diriger leurs
regards. Toutefois, afin d'éviter la monotonie résultant
de la direction unique des regards, nous jugeons utile
d'établir une apparence de conversation entre quelques-uns des sujets du premier plan. L'image ainsi
comprise et exécutée n'en sera que plus agréable et
les convives n'auront pas l'air d'être hypnotisés par
l'arrivée d'un superbe rôti ou d'un gâteau de Savoie
magnifiquement décoré.

Il est un point sur lequel nous devons encore attirer
l'attention. C'est la répartition de la lumière.

Lorsqu'on opère sous un bosquet très feuillu, il est
difficile de photographier un groupe ; la lumière n'est,
en effet, pas assez vive. Si le bosquet est peu feuillu
ou si le groupe est placé sous des arbres, on aura très
probablement des fusées de lumière qui filtreront à
travers le feuillage et viendront former des taches
blanches sur les figures et les vêtements. Si, sur la
photocopie, on peut suivre la direction de la lumière,
le mal n'est pas grand, à condition d'éviter le halo.
Dans le cas contraire, il vaut mieux chercher à placer
les personnages de manière à ce qu'ils reçoivent le
minimum de ces taches lumineuses.

Pour que le groupe soit vraiment intéressant sur-

tout s'il représente une réunion de famille, il est de
toute nécessité que l'opérateur vienne prendre sa part
de la petite fête et figure parmi les personnages. La
chose n'est pas impossible si l'obturateur peut être
actionné à distance. On raccordera un tuyau de caoutchouc assez long pour que l'opérateur puisse venir se
placer au premier plan. Sous un prétexte quelconque,
justifié par quelques accessoires qui serviront en même
temps à masquer la soufflerie de l'obturateur, il fera
face à l'appareil et surveillera le fonctionnement de
la plaque obturatrice. A diverses reprises, nous avons
employé ce procédé et nous avons toujours obtenu un
plein succès.

Nous avons aussi usé d'un autre moyen très pratique en d'autres circonstances, mais qui nous a moins
bien servi pour les groupes. Ce procédé consiste à
faire usage d'un très petit diaphragme. De ce fait la
pose se trouve considérablement augmentée, mais
comme les rayons lumineux qui agissent sur la plaque
sont peu actifs, l'opérateur en profite pour démasquer
son objectif et venir rapidement prendre place au
milieu du groupe. Lorsque le temps jugé nécessaire
pour l'impression de la plaque est écoulé, le photographe quitte vivement sa place et vient fermer l'objectif. Quand on opère de cette façon, il vaut mieux
se servir du bouchon que de l'obturateur.

La pose étant allongée, il y a des chances, surtout
quand les personnages sont nombreux et jeunes, que
bien des figures soient floues ; dans tous les cas, l'o-
pérateur ne sera pas d'une netteté absolue. Nous avons
employé ce système avec une pose de dix-sept secondes.

L'image était fort bonne, sauf en un point, celui où se trouvait l'opérateur.

Le défaut qui se produit cette fois est intéressant à signaler, car il se rapporte à l'inconvénient que nous indiquions plus haut.

La photographie fut prise au mois d'avril, sous un bosquet abondamment couvert d'une ramure, dont les feuilles, nouvellement poussées et relativement peu nombreuses, laissaient filtrer des flots de lumière. Justement à l'endroit choisi par l'opérateur pour figurer dans le groupe venaient s'ébattre quelques-uns de ces rais lumineux. L'action sur la plaque sensible fut très intense en cet endroit, et déjà l'image était formée, lorsque l'opérateur vint prendre la pose. Il en résulta une double image représentant partie de la tête de l'opérateur (dans les endroits abrités de la vive lumière) et les cheveux se trouvèrent remplacés par des taches blanches et noires, représentant le feuillage et les jets de lumière.

Voilà comment, faute d'attention, un cliché excellent sous tous les rapports ne donna qu'une image grotesque, dont il fut impossible d'utiliser la moindre partie, la disposition générale de la scène ne se prêtant pas à un tirage en dégradé qui aurait permis de conserver les autres portraits fort bien venus.

L'objectif rectiligne est souvent considéré comme insuffisant, dans la photographie collective. A cause de la grande surface qu'il s'agit de couvrir, on emploie alors le grand angulaire. Nous considérons, cependant, que les objectifs à très grand angle ne sont pas indispensables pour des groupes aussi peu importants, et la trousse qui donne des combinaisons semi-grands angulaires nous semble très suffisante. En principe, je me sers du rectiligne, lorsque je dispose d'un champ opératoire assez étendu, mais j'emploie volontiers la trousse parce que ses multiples combinaisons offrent la ressource de choisir un endroit où la chambre noire puisse être commodément installée. Selon la configuration du terrain et la disposition des plantations, l'appareil doit être plus ou moins rapproché du sujet, afin qu'un objet quelconque placé en premier plan ne vienne pas former son image sur la plaque sensible. Une combinaison à court foyer nous donnera la faculté de rapprocher l'appareil du groupe et de laisser ainsi derrière nous les obstacles qui masqueraient une partie du sujet. Nous vous avons indiqué dans les pages précédentes l'avantage qui résulte pour la photographie des groupes de la substitution de l'anastigmat au rectiligne.

Les différents exemples que nous avons présentés dans ce chapitre sont d'une certaine banalité. Nous constatons à regret que ce sont ceux qui tentent le plus l'amateur. Mes tendances personnelles me portent plutôt vers la photographie d'art, et je voudrais diriger le lecteur dans cette voie. Il m'a toujours semblé préférable, à tous égards, d'impressionner peu de plaques, mais de les choisir de grand format et de m'efforcer de produire des images aussi parfaites que possible. Comme temps, comme peine, comme dépenses, je trouve tout avantage à cette manière de procéder, et j'évite en même temps de m'encombrer de clichés et d'épreuves sans valeur.

Le vrai plein air peut donner lieu à des compositions véritablement artistiques. Les idées sont-elles rares, cherchez parmi les maîtres de la peinture quelque artiste dont le genre vous plaise, et inspirez-vous de ses tableaux. En photographie comme dans toute autre branche de l'art, il faut commencer par être copiste avant d'être créateur.

Dans un précédent chapitre, je disais qu'un portrait dans une espace très découvert ne donnerait pas de très bons résultats. J'envisageais à ce moment une opération faite par un amateur de force moyenne.

Mais s'il s'agit d'un photographe passionné, doué de beaucoup de goût et de patience, le sujet est digne de ses efforts. Après avoir choisi avec soin le fond, qui servira à mettre en valeur le sujet, vous disposerez un groupe de jeunes femmes légèrement vêtues, et vous aurez un délicieux Corot. Le sol est-il disposé en gradins, vous y trouverez les éléments d'une autre composition champêtre ou mythologique à deux ou trois personnages. C'est un genre qui est, avec raison, très affectionné par deux de nos premiers artistes, MM. Le Bègue et Paul Bergon.

L'heure du jour n'a pas grande importance si la lumière n'est pas trop intense. Toutefois, nous recommandons de choisir de préférence un ciel nuageux et, pendant la saison où le soleil darde ses rayons les plus chauds et les plus vifs, de ne pas opérer, sans abri, entre dix et deux heures. Lorsque le soleil est déjà très incliné sur l'horizon, vers l'heure où les rayons directs atteignent le sujet sous un angle de 45° environ, c'est le moment propice pour opérer.

Avec des rayons parallèles à l'horizon, c'est-à-dire le matin et le soir, on peut encore obtenir des effets fort artistiques. Ce n'est plus le portrait, la reproduction ligne à ligne du sujet qu'il faut chercher, c'est l'effet, une heureuse opposition de tons, une silhouette élégante et fine se découpant sur un horizon nuageux, noyé dans les brumes matinales ou éclairé par les rayons solaires aux premiers moments de l'ascension de l'astre ou à l'heure de son déclin. A ces heures de la matinée ou de la soirée, la photographie posée est seule possible, car il est indispensable de faire usage des plaques orthochromatiques.

Les conditions opératoires sont alors complétement changées, la pose doit être étudiée avec soin: elle doit être sobre de gestes et facile à garder pendant un certain temps, car l'exposition sera plus longue que pour le simple portrait ou le groupe pris en instantané, à la pleine et dure lumière du jour. Le matériel est un peu plus compliqué que celui dont nous avons étudié l'emploi jusqu'ici, puisqu'on utilise les ressources de l'orthochromatisme, des écrans, etc.; il faut surtout une propension naturelle vers les choses d'art et une grande connaissance de la science photographique. Nous terminerons cette énumération en disant que, pour la photographie d'art, comme pour le simple portrait ou le groupe, on ne peut arriver à la perfection du modèle que par une exposition un peu longue effectuée sous une lumière atténuée.

CHAPITRE VI

PLAQUES

Les plaques qu'on emploie le plus communément
pour tous les genres de photographie sont les plaques
rapides et même les extra-rapides. L'amateur n'est
satisfait que lorsqu'en un espace de temps moindre
que la durée d'un éclair il a obtenu une image. Le
négatif est toujours supposé devoir être bon, quels
que soient le genre de sujet traité et la qualité de la
lumière. En hiver comme en été, au bord de la mer
comme en plein bois, pour un portrait aussi bien que
pour un monument, c'est toujours la plaque extra-
rapide qui est employée. On sait cependant que l'extrême sensibilité de l'émulsion a pour conséquence un
grossissement du grain de l'émulsion qui nuit à la
finesse de l'image. Ce défaut est quelquefois très apparent dans les négatifs de portraits. Aussi avons-
nous recommandé, même pour le portrait en appartement, de faire usage de plaques de rapidité moyenne,
à moins qu'on rencontre des difficultés particulières
d'éclairage ou qu'on ait à photographier des sujets
aussi peu tranquilles que le sont d'ordinaire les
enfants.

Pour le portrait en plein air, il n'y a guère à s'occuper de la quantité de la lumière ; on constate plus souvent un excès qu'une insuffisance. Quant à la quantité de la lumière, elle n'entre pas davantage en ligne de compte, sauf lorsqu'on opère sous un abri de verdure. Nous estimons, en conséquence, qu'il y a avantage à employer plutôt des émulsions lentes, surtout lorsqu'il s'agit de faire des portraits dans le véritable sens du mot. Pour les groupes nombreux et même pour les autres, s'ils comptent dans leurs rangs des sujets peu sérieux, on peut craindre les farces, les plaisanteries qui jetteront le trouble parmi le groupe et se traduiront sur le négatif par un doublement des lignes. Dans ce cas, il vaut mieux sacrifier la finesse de l'image et faire usage de plaques rapides.

Les plaques lentes donnent des portraits plus doux que les plaques rapides. D'autre part, elles laissent plus de latitude pour la pose. Nous avons dit qu'un peu de surexposition ne saurait nuire, au contraire : un léger excès de pose aide à l'obtention du modelé. Mais la surexposition a des limites qu'il ne faut pas dépasser sous peine de produire des images grises, sans relief et même d'atteindre le degré où le renversement de l'image se produit. Ces limites sont assez étroites pour les plaques extra-rapides, elles le sont beaucoup moins pour les plaques lentes. Un portrait en plein air imprimé sur des plaques couvertes d'une émulsion très sensible est presque toujours surexposé. Ce défaut est d'autant plus commun aujourd'hui que nous avons perdu l'habitude de faire de la photographie posée. Les appareils à main, les objectifs donnant à pleine ouverture la netteté sur toute la

plaque, les obturateurs fonctionnant au centième de
seconde et même plus rapidement encore nous ont
fait perdre la notion du temps de pose. Une manette
à tourner, un coup d'œil dans le viseur, un déclic,
cela suffit maintenant pour avoir des négatifs à toute
heure et en toute saison. Il en résulte qu'une pose de
cinq à dix secondes sur une plaque de rapidité
moyenne semble exorbitante et que, tout d'abord, on
est tenté de l'abréger. Les clichés se trouvant sous-
exposés, on incrimine la plaque lente et on revient à
la plaque rapide tout en conservant ou à peu près la
même durée d'exposition. On obtient alors des clichés
gris des voiles de surexposition, et, en désespoir de
cause, on apprend les vieux errements, ce qui est
loin de constituer un remède.

Si on sait surmonter les premiers tâtonnements qui
accompagnent toujours un changement de méthode,
on ne tardera pas à connaître les heureux résultats
que procurent les plaques lentes, et on réservera l'instantané pour les vues comprenant des personnages en
continuel déplacement.

Le portrait en plein air exécuté tranquillement dans
un endroit bien clos doit être pris sur une plaque
lente ; mais, au cours d'une excursion, il faut parer
à l'imprévu. Les sujets les plus divers peuvent se
présenter, et, quoique nous ne voyions pas grande
utilité à faire fonctionner souvent l'appareil au milieu
des rues, on doit prévoir les scènes animées qui mé-
riteront les honneurs de la plaque sensible. A l'excursionniste nous conseillerons les plaques simplement
rapides, laissant aux spécialistes, aux amateurs de

photographie du mouvement les émulsions extra-sensibles.

Non seulement nous conseillons de faire usage des plaques lentes toutes les fois que les nécessités de la pose n'exigeront pas l'accélération de l'impression, mais encore à ceux qui désireront obtenir des résultats supérieurs nous recommanderons l'emploi des plaques orthochromatiques. Sans doute, avec ces plaques, la pose est beaucoup allongée et les manipulations un peu plus compliquées, parce qu'il faut redoubler de précautions dans le chargement des châssis et le développement. Mais l'amélioration du négatif compense largement les quelques inconvénients qu'on peut éprouver au laboratoire. Quant à la question du prix de cette catégorie de plaques, elle ne saurait arrêter un seul instant.

La fabrication des plaques orthochromatiques est assez perfectionnée maintenant pour qu'on puisse prendre à peu près indifféremment une marque quelconque. Seule la durée de conservation de ces préparations sensibles laisserait-elle quelquefois à désirer.

Les plaques orthochromatiques sont sensibilisées pour certaines radiations, mais il en existe aussi qui peuvent reproduire avec assez de fidélité l'ensemble du spectre. Pour la photographie instantanée, ce sont ces dernières qui doivent être adoptées, car elles peuvent être employées sans écran coloré, la traduction des couleurs est alors moins exacte, mais l'image obtenue est néanmoins supérieure à celle qu'aurait fournie une émulsion non orthochromatisée. La durée de la pose n'est augmentée que d'une manière insignifiante, et par une bonne lumière nous avons pu produire avec les plaques de cette nature d'excellents clichés.

D'ordinaire, comme il est impossible d'obtenir une sensibilisation absolue pour tous les rayons peu réfrangibles du spectre, on se contente d'employer une plaque sensibilisée pour la couleur dominante du sujet à photographier. Les plaques orthochromatiques du commerce se divisent en deux catégories : Plaques sensibles au jaune et au vert, — Plaques sensibles au jaune et au rouge. On fait aussi usage quelquefois de plaques sensibilisées pour le rouge seul.

Les plaques de la première catégorie sont d'un emploi plus courant pour l'amateur que les plaques sensibles au jaune et au rouge. Ce sont celles que l'on emploie pour la photographie du paysage, c'est à elles que nous devrons recourir pour le portrait en plein air. Non seulement la note dominante est le vert dans toutes ses graduations, depuis le jaune verdâtre des jeunes pousses jusqu'au vert foncé du feuillage des arbustes à feuilles persistantes, mais encore nous trouvons dans les chairs les tonalités jaunes et vertes. Tous ceux de nos lecteurs qui ont quelques connaissances en peinture se souviendront, à ce propos, de l'étrange composition de la palette des peintres portraitistes. C'est donc la plaque orthochromatique sensible au jaune et au vert que nous adopterons. Ces plaques, nous les emploierons avec ou sans écran coloré. Si nous supprimons l'écran, la pose ne sera pas augmentée (pour les plaques Lumière de la série A, la rapidité d'impression sans écran est égale à celle des plaques extra-rapides non orthochromatisées), mais la traduction des couleurs dans leurs valeurs respectives sera à compléter. Si nous faisons usage de l'écran, la pose calculée pour une impression sur plaque extra-rapide devra être de huit à quinze fois plus longue environ selon l'intensité de la coloration de l'écran.

Il n'est peut-être pas inutile de rappeler ici que, pour les plaques sensibles au jaune et au vert, les manipulations et le développement doivent être effectués dans le minimum de la lumière possible et que la lanterne du laboratoire doit être garnie de verres rouge rubis de coloration intense.

A défaut de plaques orthochromatiques, on peut se contenter de plaques lentes ordinaires et interposer sur le trajet des rayons lumineux un écran jaune. Pour produire tout son effet, l'écran jaune doit être taillé dans un verre coloré dans sa masse et avoir ses deux faces bien polies et rigoureusement parallèles. Par ce procédé, la pose est fortement augmentée, elle est même supérieure à celle qu'exige la plaque orthochromatique employée avec le même écran. Quant aux résultats, pour être inférieurs à ceux qu'on obtient avec la plaque orthochromatique seule, ils sont encore bien supérieurs à ceux que donneraient les préparations sensibles ordinaires.

Du reste, il ne faut pas perdre de vue que l'allongement de la pose n'a pas grand inconvénient lorsqu'on opère en plein air, étant donné la grande quantité de lumière dont on dispose. Si la pose avec une plaque rapide est évaluée à une demi-seconde, il n'y a, en vérité, aucun risque à la porter à 6 à 8 secondes

et à faire usage de l'écran. On peut même considérer
que les chiffres que nous indiquons doivent se rapprocher du maximum d'allongement de la pose, puisque
nous avons recommandé d'opérer toujours avec la plus
grande ouverture d'objectif possible.

Les plaques orthochromatiques n'étant pas admises
par l'amateur dans l'approvisionnement des préparations sensibles qu'il emploie, nous devons indiquer
le moyen d'orthochromatiser les plaques ordinaires.
Les formules qui ont été données sur ce sujet sont
nombreuses, nous signalerons seulement celles qui sont
les plus efficaces et qui ont été étudiées avec soin.

Un chimiste de l'école autrichienne, M. Paul Ruh,
a fait diverses recherches afin de déterminer la valeur
des diverses substances préconisées pour augmenter
la sensibilité aux radiations rouges, jaunes et vertes.
Il a reconnu que, parmi ces matières colorantes, l'é-
rythrosine, le rose bengale, la naphtofluorescéine, la
méthyléosine, l'éosine, la cyanosine, le rouge de quinoléine étaient les plus efficaces. Ces substances conviennent surtout pour les radiations vertes ; elles sont
un peu moins actives pour les rayons jaunes ; néanmoins elles présentent toutes les qualités requises
pour le portrait en plein air.

Sans nous attarder aux considérations résumées
dans l'étude de M. Paul Ruh, nous indiquons la formule de sensibilisation pour les principales de ces
matières colorantes.

SENSIBILISATION PAR L'ÉRYTHROSINE

Soumettre la plaque à l'action d'un bain d'ammoniaque ainsi composé :

Ammoniaque	2 parties
Eau	100 —

Sensibiliser ensuite dans le bain ci-dessous :

Solution d'érythrosine (2 : 1 000) . .	6 parties
Ammoniaque	2 —
Eau	100 —

Pour l'éosine, la formule est la même que celle indiquée pour l'érythrosine.

SENSIBILISATION PAR LE ROSE BENGALE

Appliquer le traitement par le bain ammoniacal ci-dessus. Sensibiliser dans :

Solution de rose bengale (2 : 1.000). .	2 parties
Ammoniaque	2 —
Eau	100 —

SENSIBILISATION PAR LA NAPHTOFLUORESCÉINE

Traiter la plaque par le bain d'ammoniaque à 2 0/0. Sensibiliser ensuite dans un bain composé de :

Solution de naphtofluorescéine (1 : 1.1000)	2 parties
Ammoniaque	2 —
Eau	100 —

La sensibilisation par la cyanosine s'effectue comme nous venons de l'indiquer pour la naphtofluorescéine.

SENSIBILISATION PAR LE ROUGE DE QUINOLÉINE

Il n'y a pas lieu de faire usage du bain d'ammoniaque. Sensibiliser directement dans :

Solution de rouge de quinoléine (2 : 1.000)   1 à 2 parties
Eau   100   —

Nous devons aussi faire remarquer que l'effet sensibilisateur de la naphtofluorescéine a une action plus prononcée pour les radiations jaunes et orangées que celui produit par le rose bengale.

De plus, il convient d'ajouter, à l'encontre de ce que nous avons dit à propos de la durée de conservation des plaques orthochromatiques du commerce, que les plaques traitées par l'une des formules dont nous venons de donner la composition ne peuvent être conservées longtemps. Généralement on les emploie aussitôt sèches.

L'*Amateur photographe* a donné autrefois une formule de sensibilisateur qui se rapproche de celle que nous venons d'énumérer et qui offre l'avantage de faire connaître plus explicitement le mode opératoire. Dans cette formule, le bain préliminaire à l'ammoniaque est supprimé. Les éléments constitutifs du sensibilisateur sont indiqués dans les deux formules suivantes :

```
A. Erythrosine. . . . . . . . .    0gr, 3
   Alcool  . . . . . . . . . .    120 cc.
   Eau . . . . . . . . . . . .    800 cc.

B. Ammoniaque . . . . . . . . .     40 cc.
   Eau . . . . . . . . . . . .    800 cc.
```

Le bain de sensibilisation est composé de parties égales de chacune des deux solutions ci-dessus ; on y ajoute une quantité suffisante d'eau bouillie pour augmenter de 10 fois environ le volume formé par le prélèvement des deux solutions. On prendra, par exemple, 10 cc. de chacune des solutions, et on ajoutera l'eau nécessaire pour former un volume total de 200 cc.

La plaque est plongée dans ce bain, où elle séjournera pendant trois minutes. Elle est ensuite lavée jusqu'à ce que l'eau s'étende également sur toute la surface gélatinée, puis on fait sécher. Pour activer le séchage, on peut, comme pour les plaques ordinaires, faire tremper la plaque orthochromatisée pendant quelques minutes dans de l'alcool au titre le plus élevé possible. Toutes ces manipulations doivent, bien entendu, être effectuées au laboratoire éclairé à la lumière rouge.

Les conditions de conservation sont les mêmes que celles signalées plus haut. La sensibilité générale de la plaque se trouve légèrement augmentée.

CHAPITRE VII

DÉVELOPPEMENT DES PHOTOTYPES

Tous les révélateurs donneront de bons clichés lorsqu'ils seront employés par des photographes qui connaissent les produits dont ils font usage et savent tirer parti des propriétés particulières de chacun d'eux. Généralement les auteurs s'accordent pour dire qu'il faut adopter un révélateur et n'en pas changer. Si on envisage seulement les révélateurs tout préparés que l'on trouve dans le commerce, nous partageons cette opinion, mais nous sommes d'avis contraire s'il s'agit des bains de développement composés au moment de l'emploi. Que l'on s'en tienne exclusivement à une marque de plaque, nous l'admettons volontiers, bien que les émulsions soient loin de présenter toujours les mêmes qualités chez chaque fabricant. La plaque étant bien connue, on sait comment elle se comportera dans tel ou tel bain. Selon ses tendances au voile, au soulèvement, selon l'épaisseur de la couche de gélatine, le degré ordinaire de maturation, on appréciera facilement le degré de concentration du bain qu'elle peut supporter, la durée de temps pendant lequel elle peut résister sans danger à l'action du révélateur, et le bain de développement pourra être composé avec les produits qui donneront le plus sûrement l'effet cherché.

Les révélateurs tout préparés ne sont pas plus mauvais que d'autres, mais ils sont combinés en vue de répondre à toutes les conditions opératoires : un peu plus ou un peu moins d'eau, voilà toute la ressource dont dispose le photographe, et c'est bien insuffisant pour obtenir des négatifs purs, brillants, qui traduisent bien les valeurs du sujet photographié et qui puissent servir à l'impression de photocopies vigoureuses. Tous ces révélateurs sont faits pour l'amateur paresseux ou ignorant, pour ceux qui usent et abusent de la chambre à main. Ils sont faits pour les amateurs d'instantanés ; il faut qu'en un clin d'œil ils fournissent un cliché pur et détaillé. Que les contrastes soient trop accentués, que le phototype soit gris ou même voilé, peu importe, pourvu que le cliché soit terminé en quelques minutes. La rapidité d'apparition de l'image ne peut guère être obtenue qu'aux dépens de la qualité du phototype ; si le révélateur est très actif, tout contrôle, toute surveillance de l'image est impossible, il faut abandonner le phototype à son malheureux sort. En un mot, le révélateur du commerce manque de souplesse. Nous devrons donc l'écarter toutes les fois que nous voudrons faire une œuvre qui réponde au but que nous nous sommes proposé. Comme, d'autre part, il revient très cher et ne peut développer qu'un nombre relativement restreint de phototypes, le mieux sera de l'écarter définitivement.

Mais alors, si nous repoussons ces révélateurs en

bouteilles dont il suffit de prélever quelques centimètres cubes auxquels on adjoint une dizaine de fois leur volume d'eau pour avoir un développateur répondant soi-disant à tous les besoins, comment procéderons-nous pour développer nos négatifs? Les produits et les formules ne manquent pas de par le monde, il suffit d'en connaître trois ou quatre pour être en mesure de faire face à toutes les difficultés possibles.

Comme produits, nous avons l'oxalate ferreux; il est vieux jeu, mais il a du bon; l'acide pyrogallique avec l'ammoniaque ou ses succédanés, c'est encore lui, le vieux pyro, qui règne en maître dans les meilleurs ateliers d'amateurs ou de professionnels. Nous avons aussi l'iconogène, le métol, recommandables pour la douceur des images qu'ils font paraître sur la plaque sensible, l'hydroquinone, un peu brutal, l'amidol qui travaille pour ainsi dire tout seul, mais donne des clichés un peu mous; nous avons encore la pyrocatéchine, l'ortol, le paramidophénol, et tant d'autres dont le nom m'échappe.

Parmi tous ces produits, principe actif du développement, qui s'emploient seuls ou combinés entre eux, s'ils présentent des affinités chimiques permettant cette association, il s'agit de faire un choix judicieux. Notre traité n'étant pas consacré à l'étude des révélateurs, nous ne pouvons aborder cette étude, qui nous entraînerait trop loin; nous renverrons le lecteur aux traités spéciaux. D'autre part, notre volume, *la Photographie en appartement*, contient sur ce sujet des indications qui pourront servir lorsqu'il s'agira de faire un négatif de portrait.

Le pyrogallol convient parfaitement pour les clichés de toute nature, sa souplesse son énergie, le rendent aussi parfait pour les instantanés que pour les plaques surexposées. La coloration du phototype que l'on a souvent reprochée à ce révélateur se produit rarement lorsque le bain est convenablement préparé. Du reste, une teinte jaune lorsqu'elle n'est pas trop prononcée favorise souvent l'impression du positif. Le révélateur à l'acide pyrogallique donne des clichés à contrastes assez accentués ; lorsque l'opacité dans les grandes lumières est trop grande, les épreuves sur papier à surface gélatinée ou à l'albumine sont généralement heurtées ; il vaut mieux alors faire usage de papier mat, à grain, etc. ; mais, si les parties très denses sont assez transparentes, tous les papiers donneront des résultats satisfaisants. Les clichés sortant du bain de pyrogallol donnent presque toujours des images brillantes qui se comportent fort bien au virage ; c'est là un avantage qu'apprécieront sûrement ceux qui ont eu à traiter de ces images grises et sans relief imprimées sous un de ces clichés d'une faiblesse extraordinaire comme en fournissent trop souvent les révélateurs en faveur aujourd'hui.

Un négatif brillant, voilà ce que nous devons chercher à obtenir. Nous devons reproduire un effet de plein air ; c'est par une heureuse juxtaposition des blancs et des noirs que nous arriverons à rendre cet effet. S'il est vrai que les blancs ne doivent pas être trop éclatants, ne doivent pas former des taches d'autant plus vives qu'elles seraient en opposition avec des noirs intenses, il est vrai aussi que les grandes lumières ne doivent pas être traduites par des touches trop grises. Un négatif de ce caractère ne donnerait pas l'impression du plein air. Un peu de brutalité ne messied pas dans un portrait pris au dehors, cela vaudra toujours mieux qu'un excès de douceur, qui ne peut s'expliquer que lorsque le sujet a été placé sous un abri interceptant la majeure partie de la lumière. L'acide pyrogallique peut donner le modelé le plus délicat lorsqu'il est manié par des mains expertes ; dans les conditions moyennes d'habileté opératoire, il aura plutôt une tendance à donner des oppositions qui produiront un effet de papillottement sur l'épreuve positive. Ce caractère se rapproche beaucoup de celui que nous devons chercher à obtenir ; nous pouvons donc, sans appréhension, soumettre nos clichés de plein air à l'action du révélateur à l'acide pyrogallique.

Si on emploie, surtout à dose massive, un révélateur très actif, l'image apparaîtra rapidement, mais les contrastes n'auront pas le temps de se former, car la surface de la couche sensible prendra la teinte grise, signe certain de l'apparition prochaine d'un voile général. Malgré sa puissance, le révélateur n'aura pas le temps d'aller agir sur les parties moyennes de la couche et d'y former une image d'intensité proportionnée à l'action de l'impression lumineuse. Ce sont précisément ces couches moyennes, où la réduction s'opère encore dans les parties correspondant aux grandes lumières du sujet, qui viennent donner les contrastes en s'ajoutant à l'image totale formée à la surface.

Le développement trop brusque entraîne donc presque toujours la formation d'une image toute superficielle. Un cliché obtenu dans ces conditions ne peut donner qu'une photocopie plate et grise. Si le développement est prolongé malgré les signes précurseurs d'un accident prochain, l'image disparaît dans un voile plus ou moins intense, et le négatif est irrémédiablement perdu.

Avec les plaques à couche mince, on peut se risquer à employer un révélateur très actif, puisque l'image ne peut se former dans l'épaisseur de l'émulsion ; mais, avec les plaques couvertes d'une légère couche de gélatine, les résultats sont toujours médiocres. Il vaut mieux, avec les plaques de cette catégorie, faire usage d'un développement lent exerçant une action faible mais cumulative qui agira à la fois sur toute l'épaisseur de la couche de gélatine.

Un révélateur concentré donne l'intensité plus vite qu'un révélateur dilué ; mais, ainsi que nous venons de l'expliquer, il y a plus de chance de voile. Si la pose n'est pas suffisante, le voile est presque inévitable, parce qu'on voudra prolonger le développement pour obtenir des détails qui s'obstinent à ne pas vouloir apparaître. Un révélateur dilué donnera au contraire des clichés doux, fouillés et harmonieux. Notre règle de conduite est donc toute tracée, nous appliquerons le proverbe *festina lente*.

Les plaques à émulsion épaisse se font de plus en plus rares, les images superficielles seront par conséquent très fréquentes. Nous avons intérêt à connaître, en ce cas, le mode d'action des révélateurs les plus

usités. Notons donc que les nouveaux révélateurs :
métol, amidol, etc., agissent surtout à la surface de
la plaque. Ils feront bien notre affaire pour les plaques
à couche mince, et ils conviendront à merveille pour
les instantanés. Par contre, les révélateurs tels que
l'hydroquinone, l'acide pyrogallique, sont ce que l'on
appelle des révélateurs de fond. D'après ce qui pré-
cède, on peut juger de l'application que l'on peut
faire de leurs propriétés.

Les courtes explications que nous venons de donner ont pour but non pas de tracer une méthode
invariable, mais de montrer que tous les négatifs ne
s'accommodent pas aussi bien d'un même révélateur.

Nous avons vu que l'attention de l'opérateur doit
tout d'abord porter sur la nature de la plaque et sur
l'épaisseur de la couche d'émulsion qui la recouvre.
On doit aussi considérer la nature du sujet photographié ; un portrait demandera de la douceur, la
mollesse même ne sera pas toujours un défaut, surtout s'il s'agit d'un portrait d'enfant ; un sujet de
plein air, des rochers, etc., s'accommoderont de
contrastes un peu trop accentués. Le plein air implique
la vigueur ; celle-ci peut confiner, dans certains cas, à
la dureté, comme dans l'exemple des rochers que
nous venons de citer. Dans d'autres cas, la vigueur
doit être tempérée par un peu de douceur dans quelques endroits, c'est ce qui se présente pour le portrait
en plein air. La douceur, nous l'obtiendrons surtout
par un modelé parfait de la figure, et ce modelé,
c'est le choix de l'abri, la répartition de la lumière
qui nous permettra de l'obtenir.

Ces points ne sont pas les seuls qui doivent attirer l'attention du photographe, il convient aussi d'envisager le but définitif, qui est l'épreuve positive. Le négatif n'est pas tout en photographie, comme on a paru le croire pendant longtemps. Le cliché n'est pas la pièce destinée à provoquer l'admiration du public ; c'est la photocopie qui nous vaudra des éloges, c'est en vue de sa réussite que doivent converger tous nos efforts. Le photographe doit donc aussi se préoccuper du genre d'impression auquel est destiné son phototype négatif.

Le procédé au charbon demande des clichés durs ; la gomme bichromatée aussi. Les papiers mats, à grains, etc., exigent des contrastes accentués mais sans que la dureté soit trop prononcée. Les papiers aristotypiques, au citrate, etc., donnent quelquefois des épreuves passables avec des clichés d'une faiblesse extraordinaire ; ils fournissent de bons résultats avec les négatifs doux. Pour les agrandissements, la préparation des diapositives, les clichés transparents et très détaillés sont nécessaires. Nous aurons à tenir compte de tout ceci avant de procéder au développement. Pour éviter toute chance d'insuccès, nous devrons même porter notre attention sur ces points dès la mise en place du sujet, disposer la lumière afin d'obtenir des contrastes ou de la douceur. Le développement n'en sera que plus facile.

Pour ce qui concerne plus particulièrement l'impression sur les papiers gélatinés, qui sont d'un emploi courant, nous signalerons que le pyrogallol et le quinol donnent des dépôts d'un ton brun, assez opaques, et opposant par conséquent une certaine résistance au passage de la lumière. La caractéristique des nouveaux révélateurs serait plutôt des dépôts d'un ton bleuâtre léger, favorables à l'impression rapide de l'image positive.

Si le négatif doit présenter à la fois assez d'opacité pour fournir une bonne impression au châssis-presse et une transparence suffisante pour l'agrandissement, nous choisirons une plaque lente dont le grain très fin ne gênera pas pour l'agrandissement. Comme révélateur, nous accorderons la préférence à un révélateur combiné formé par l'association de l'hydroquinone et du métol. Les résultats au point de vue du développement et, par conséquent, du positif et de l'agrandissement, seront satisfaisants à condition de ne pas pousser trop loin le développement. Dans le cas où le développement serait trop prolongé, nous nous exposerions à la production d'un voile, qui, s'il n'est pas le voile intense, destructeur de l'image, serait tout au moins le voile coloré qui retarde l'impression. Le voile étant évité, nous ne pourrions pas empêcher l'opacité des grandes lumières; cette opacité ne serait pas très nuisible pour les tirages au châssis-presse, mais elle gênerait pour les opérations de l'agrandissement.

Parmi les diverses formules de révélateur au métol-hydroquinone qui ont été préconisées, nous signalerons celle qui suit :

A. Métol . . . .   4 gr.
   Hydroquinone . . . .   5 gr.
   Sulfite de soude . . . .   12 gr.
   Bromure de potassium . . . . .   1^{gr},50
   Eau . . . .   1.000 cc.

B. Carbonate de soude . . . .   100 gr.
   Eau. . . . .   1.000 cc.

Pour préparer le bain de développement, on prendra quantités égales de chacune des deux solutions ci-dessus.

Ce révélateur a l'avantage de laisser une assez grande latitude pour la pose.

Comme règle d'une application générale pour le portrait mais qui s'impose surtout pour le portrait en plein air nous conseillerons d'apporter une attention constante à chercher la meilleure reproduction possible de la tête du sujet. Cette attention doit s'exercer aussi bien lors de la mise en plaque qu'au moment de l'évaluation du temps de pose ou pendant le développement. Pour ce dernier point, considérez que le meilleur révélateur est celui qui produit des clichés doux et détaillés. Employez, de préférence, les révélateurs très dilués, poussez le plus possible aux détails mais sans chercher jamais à les obtenir au détriment de la figure. Dès que celle-ci paraît vouloir atteindre une opacité qui compromettrait sa parfaite impression lors du tirage positif, arrêtez le développement ; il vous sera soujours loisible d'exécuter sur le cliché quelques discrètes retouches dans les parties de l'image qui seraient insuffisamment venues et, si le phototype est

par trop mauvais pour ne pouvoir être imprimé en
entier vous aurez toujours la ressource d'en extraire
un excellent dégradé.

DÉVELOPPEMENT EN COURS D'EXCURSION

Je ne suis pas très partisan du développement en
voyage. C'est gâter tout le plaisir de la villégiature
que de s'enfermer pendant de longues heures dans un
réduit obscur formant laboratoire. Toutefois, il est
bon de développer de temps en temps un cliché afin
de pouvoir juger de la valeur des plaques déjà impres-
sionnées, de constater si l'appareil fonctionne toujours
bien et de se rendre compte si la pose, si les diaphragmes ordinairement employés conviennent bien
à la nature des sujets photographiés.

Pour être fixé sur ces divers points, il n'est pas nécessaire, en effet, de développer tous les clichés. Du
moment que l'on opère dans une même région, que les
impressions se succèdent tous les jours, il est certain
que les sujets auront entre eux de nombreux points
de ressemblance et que la valeur de la lumière ne
présentera, pour les mêmes périodes opératoires,
que d'infimes variations. Il suffit donc de choisir un
sujet type, plage avec bateaux, si l'ensemble des
clichés porte sur les sujets de marine; amoncellement
de rochers, si l'excursion se fait en montagne ; espace
bien découvert, sous-bois, monuments, etc., selon le
genre de sujets qui se présentent le plus fréquemment
au cours du voyage. Après avoir déterminé avec soin

le site qui se rapprochera le plus de ceux dont on a déjà pris l'image, on choisit également le diaphragme, l'orientation, l'heure et l'éclairage qui peuvent le mieux constituer une moyenne, et on expose la plaque. Cette plaque ne recevra peut-être que l'image d'un sujet banal ne méritant pas d'être conservée ; mais ici nous ne faisons pas de photographie artistique ou documentaire, il nous suffit de savoir si le travail précédemment effectué offre quelque chance de réussite et si nous pouvons suivre les mêmes errements. Cela vaut bien le sacrifice d'une plaque sensible.

Le matériel de développement doit être aussi réduit que possible. En ce qui concerne les récipients, nous verrons plus loin ce qui convient le mieux pour ces essais. Comme révélateur, nous avons le choix entre un révélateur en poudre ou un révélateur liquide tels qu'on en trouve dans le commerce. Ceci est affaire de goût ; mais à l'amateur qui préférerait le révélateur liquide, nous conseillerons de choisir un produit enfermé dans des flacons d'une contenance de quelques centimètres cubes seulement. Dans le cas où la marque adoptée ne se trouverait dans le commerce qu'en flacons d'un litre ou d'un demi-litre, l'amateur devrait procéder lui-même, avant son départ, à la répartition du liquide en cinq ou six flacons en verre jaune, d'une contenance de 20 à 30 centimètres cubes.

Une formule, d'origine italienne, permettra à l'amateur d'emporter, sous un petit volume, un révélateur pulvérulent, qui, par conséquent, ne risquera d'occasionner aucune détérioration du linge ou des effets. Les éléments de ce révélateur permettent de constituer un bain de développement très actif donnant des clichés bien fouillés et conservant le modelé des portraits, pouvant aussi bien servir pour les instantanés que pour les clichés posés. Ce révélateur est ainsi composé :

A. Métol	152 parties
Hydroquinone	48 —
Iconogène	40 —
Acide borique . . , ...	10 —
B. Sulfite de soude	100 parties
Borax	25 —
Sucre de lait.	25 —

Après avoir opéré un mélange très intime de chacune des deux poudres composées, on les enfermera séparément dans des flacons jaunes que l'on bouchera avec soin.

Pour préparer le bain de développement, on prendra, pour un cliché supposé avoir reçu une exposition normale, 3 parties de la poudre A, 4 parties de la poudre B, et on ajoutera 100 parties d'eau.

Le fixage s'effectuera à l'aide d'un de ces fixateurs secs que l'on trouve dans le commerce et qui sont vendus soit sous forme de cartouche, soit en petits paquets pour la préparation d'un litre de bain.

Pour une excursion de longue durée, surtout si l'opérateur est installé dans une résidence fixe d'où il rayonne dans les environs, le matériel consistera en trois ou quatre cuvettes légères, — celles en celluloïd conviendront parfaitement, — et en un panier laveur pliant. Les lavages seront effectués dans un récipient quelconque, assez grand pour contenir une quantité d'eau suffisante pour recouvrir le panier laveur. Si la forme du récipient ne permet pas de faire reposer le panier sur le fond, on le suspendra par un moyen quelconque au milieu du liquide. Le plus simple est d'employer un seau, et, si le panier laveur a des anses, d'y passer un bâton qui viendra s'appuyer sur la circonférence supérieure du seau.

Lorsqu'on fait un groupe ou un portrait en plein air, les intéressés aiment à savoir immédiatement si « c'est réussi ». L'opérateur, de son côté, ne serait pas fâché d'être fixé sur ce point, afin de pouvoir, au besoin, impressionner une seconde plaque.

On ne peut, en vérité, s'astreindre à traîner avec soi tout un matériel de laboratoire ; du reste on trouverait peut-être difficilement un coin assez noir pour y procéder au développement. Il faut donc développer en plein air.

Certains appareils, fort en faveur auprès des photographes forains, permettent de développer dans l'appareil même qui a servi à l'impression de la plaque sensible ; mais ces appareils, de format très petit, sont faits pour la ferrotypie : ils ne feraient donc pas notre affaire. Un inventeur a combiné un appareil qui s'adapte sur un système de cuvette et forme un ensemble analogue à celui dont nous venons de parler. Cet appareil est coûteux ; quant à sa praticité, nous ne pouvons nous prononcer.

Il reste alors le laboratoire portatif, la boîte à développer et autres appareils plus ingénieux que commodes, assez volumineux et qui ne suppriment pas l'emploi des cuvettes.

On pourrait aussi pratiquer le développement en plein jour par la méthode Sterry ou le procédé Lambert, mais il est nécessaire de commencer par fixer l'image, opération qui ne peut être effectuée hors du laboratoire.

Aucun de ces procédés ne semble donc convenir au portraitiste en plein air. La seule méthode qui soit pratique consiste à transformer la cuvette elle-même en un laboratoire rouge.

Nous avons eu occasion autrefois de donner la description d'un appareil de ce genre qui présentait toutes les garanties désirables de bon fonctionnement. Nous ne pouvons mieux faire que de reproduire ici les indications données sur ce sujet.

Supposons, disions-nous, qu'il s'agisse d'une cuvette pour développer des clichés du format 9×12. Deux des côtés seulement seront garnis de verre rouge ; il suffit, en effet, de pouvoir suivre les progrès du développement en examinant le cliché par transparence sans avoir à le sortir du bain révélateur. Deux morceaux de verre rubis, de dimensions quelconques, mais mesurant de préférence 9×12, seront montés sur un cadre à rebords semblable à celui qu'on emploie pour les châssis-presse. Ce cadre aura une largeur de 2 centimètres autour du verre, le rebord sur lequel doit reposer le verre mesure de 3 à 5 millimètres. Les deux grands côtés de la cuvette seront semblables ; ils peuvent être montés à l'aide de deux ou trois vis sur deux blocs de bois de 2 centimètres.

d'épaisseur environ et d'une largeur que nous évaluons
à 6 centimètres. On aura ainsi un espace suffisant pour
manipuler le cliché. Le bloc présentera, de chaque côté,
dans la partie médiane, une rainure destinée à soutenir
la plaque sensible. Cette rainure s'arrêtera à 2 centimètres de la base, afin que les produits d'oxydation
du révélateur puissent s'accumuler dans le fond de la
cuvette. Le cliché se trouvera ainsi baigné dans un
liquide également actif dans toutes ses parties. Pour
faire le fond de notre récipient, nous prendrons une
planchette quelconque. La cuvette devra naturellement être protégée par deux ou trois couches d'un

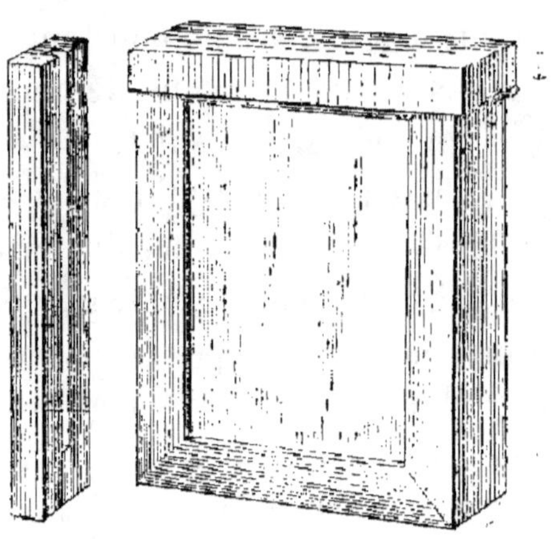

vernis à base de gutta-percha, de caoutchouc, etc.,
dont on trouvera de nombreuses formules dans les
traités de photographie.

Il s'agit maintenant de préparer un couvercle qui
puisse préserver efficacement la plaque sensible contre
les rayons de la lumière blanche. Ce couvercle devra
être muni d'abattants suffisamment grands pour qu'ils

viennent affleurer le bord supérieur du verre rouge, soit 2 centimètres. Pour parer aux chutes accidentelles du couvercle qui pourraient laisser momentanément la plaque sans protection, nous disposerons sur les côtés du couvercle une patte à charnière qui viendra s'agrafer sur un bouton fixé sur chacun des montants de la cuvette.

Nous aurons ainsi constitué un récipient qui permettra de développer en pleine lumière, la seule précaution à prendre consistant à introduire la plaque sensible dans la cuvette et à l'en retirer sous la protection du laboratoire photographique, ou, plus simplement, dans l'obscurité. Comme nous n'aurons plus à nous occuper de la coloration du bain de développement, on pourra choisir tel révélateur qui sera mieux approprié à la nature de la plaque sensible ou au genre de sujet traité. L'opérateur aura ainsi la certitude de faire donner à son phototype le maximum des détails qu'il est possible d'obtenir. Quant à la surveillance de la marche du développement, elle s'effectuera aisément en examinant le cliché par transparence à travers les parois en verre rouge. Nous avons du reste constaté par expérience que l'image peut être examinée facilement même à la simple lumière d'une bougie. Au surplus, si l'opérateur éprouvait quelque difficulté pour procéder à cet examen, il pourrait s'isoler de la lumière ambiante en s'abritant sous un voile noir ; la cuvette seule serait alors laissée à la pleine lumière.

L'expérience nous a appris que l'introduction d'une plaque de verre dans un récipient rempli de liquide ne s'effectue pas très facilement dans l'obscurité ou sous un abri tel qu'un voile épais embrassant la partie supérieure du corps. Il se produit des projections de liquide qui peuvent endommager les vêtements de l'opérateur. Il vaudrait mieux introduire la plaque dans le récipient vide et faire pénétrer ensuite le révélateur par un tube coudé dont l'orifice viendrait affleurer le sommet de la cuvette. Un trou d'air également coudé assurerait la pénétration du liquide dans la cuvette. Cette construction supplémentaire, pour simple qu'elle soit, n'en compliquerait pas moins la cuvette à développer. Il vaut mieux, en conséquence, s'en rapporter à l'adresse innée chez tout véritable amateur photographe.

La plaque est développée, comment allons-nous la fixer ? L'inventeur auquel nous faisions allusion précédemment déclare que le transport de la plaque du bain révélateur dans le bain de fixage peut s'opérer en pleine lumière sans danger pour le négatif, à condition que le transvasement soit effectué très rapidement. Notre confiance dans l'adresse de l'amateur ne va pas jusqu'à lui recommander d'employer cette méthode.

Nous préférons lui conseiller de construire une seconde cuvette semblable à la première et qui sera réservée au bain d'hyposulfite de soude. Pour faciliter le transvasement, cette seconde cuvette pourra être plus large que la première. Voici alors comment nous procéderons.

Le développement étant terminé, on renverse la cuvette pour faire écouler le révélateur. Celui-ci peut être recueilli dans un autre récipient, s'il n'est pas trop affaibli ou trop coloré pour servir au développement d'une seconde plaque. La cuvette étant vide, on y introduit de l'eau pour un lavage sommaire du phototype du négatif. Puis, après avoir vidé de nouveau la cuvette, on la place au-dessus de la cuvette du fixateur, de manière que les deux ouvertures coïncident. La plaque tombe alors dans la cuvette inférieure, où elle se fixe en toute sécurité.

Dans le cas où le négatif se trouverait collé contre la paroi en verre de la cuvette de développement, une secousse, un léger choc suffira pour la détacher et la faire tomber.

Dans l'opération de transvasement, on prendra garde aux projections de liquide fixateur dans la cuvette de développement. Si la cuvette de fixage n'est pas trop pleine, cet accident se produira rarement. Dans tous les cas, il sera prudent de laver immédiatement à l'eau courante la cuvette de développement.

Il n'y a rien de nouveau sous le soleil, dit un proverbe. Nous avons reconnu une fois de plus l'exactitude de ce dicton en constatant que notre cuvette laboratoire avait été construite autrefois et avait même dû constituer un article commercial.

En effet, quelques semaines après avoir publié la description de notre cuvette, nous avons eu l'occasion d'en rencontrer une, chez un marchand de bric à brac, lequel ignorait, du reste, complètement la destination de l'objet qu'il offrait à la convoitise des passants. Autant qu'il nous a paru, d'après ses dimensions, l'appareil doit être d'origine anglaise ; il est encore plus perfectionné que celui décrit plus haut.

Comme le nôtre, cet appareil se compose de deux cuvettes plates superposées. Leurs dimensions sont égales, et rien ne les distinguerait l'une de l'autre si la cuvette à développement n'était percée à sa base d'une ouverture par où le révélateur s'écoule après usage. Cette ouverture est fermée par une cheville en bois.

En outre, la partie supérieure de cette cuvette est garnie d'une armature en zinc faisant saillie et qui vient emboîter le haut de la cuvette à fixer. La manœuvre de transvasement s'effectue de la même manière que celle indiquée plus haut, mais les deux cuvettes étant réunies par l'armature en zinc, le passage de la plaque de l'une à l'autre cuvette s'effectue sans que la lumière puisse atteindre le négatif et, par conséquent, sans que le moindre voile puisse se produire.

L'un et l'autre de ces derniers systèmes sont réellement fort pratiques, les appareils sont peu embarrassants et leur fragilité n'est pas trop excessive. En adoptant, d'autre part, le révélateur et le fixateur en poudre, dont nous avons recommandé l'emploi, on peut constituer un petit matériel de développement qui complètera utilement le bagage de l'excursionniste et dont les services seront fort appréciés.

TABLE DES MATIÈRES

CHAPITRE I. — **L'APPAREIL**

CHAPITRE II. — **INSTALLATION EN PLEIN AIR**

CHAPITRE III. — **DES FONDS**

CHAPITRE IV. — **ÉCRANS**

CHAPITRE V. — **LE MODÈLE**

CHAPITRE VI. — **PLAQUES**

CHAPITRE VII. — **DÉVELOPPEMENT DES PHOTOTYPES**

DIJON, IMPRIMERIE DARANTIERE.